女人間的友情，都伴隨著一點點痛

閨密使用說明書

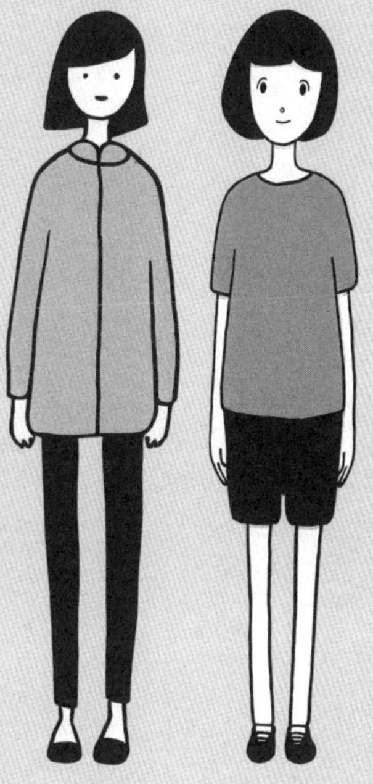

黑川伊保子 著　謝敏怡 譯

女女問題のトリセツ

〈前言〉

女人是種會因生殖本能而撕裂友誼的生物

我是個人工智慧（ＡＩ）工程師，爲了指導ＡＩ「人類究竟爲何物」，持續不斷研究人類的大腦。

因此，我把「人類大腦」視爲一種電子回路裝置，把「人際關係」當成大腦這項裝置的連結系統，進行分析。

用系統理論來分析人類，非常有意思。人類認爲那是負面的東西，其實是提升存活率非常重要的求生智慧。

比方說，母性。

母性並不是一般人想像的那樣，只有溫柔體貼，而是攸關生死的重要感覺，是女性大腦與生俱來的本能（跟有沒有生小孩無關）。

人類的嬰幼兒期很長，從出生到站起來、學會走路，要花費大約一年的時間；哺乳期也很長，有時甚至長達兩到三年。因此，人類的母親們在某一段時間，必須把人生的資源（時間、精力、情緒、食物、金錢等等）奉獻給孩子，否則無法達成育兒這項任務。

所以，原本在新婚時期奉獻給丈夫的人生資源，生完孩子後，一口氣全部轉移到孩子身上了。以前兩個人之間的關係可能是：「寶貝，幫我拿一下那個。」「這個嗎？」「對，謝謝你（啾）。」生完小孩後就變成了：「那個！」「什麼？幹麼？」「蛤？（爲什麼都聽不懂，煩死了！）」因爲奉獻給丈夫的人生資源（時間、唇舌溝通等等）被壓到最低了。

男人常常怨嘆：「老婆生了小孩後，就變了個人。」然而就系統理論來說，這是很正常的，是女人爲了達成養育孩子這項任務，大腦所具備的重要功能之一。

從心理學的角度來看，「暴躁太太」可能被稱作產後憂鬱或歇斯底里，或許還會有人建議暴躁太太要學習管理憤怒的情緒。但總覺得，無論是哪種說法，都把產後女性的狀態定義為「非正常」。

然而，從我對人類大腦的研究來看，「老婆產後變了個人」是很正常的現象，是優秀的女性大腦啓動的「母性切換」。

假如丈夫希望分得妻子的人生資源，只要平時提供育兒所需的資源（主要為話語）就行了。妻子的生活有了餘裕，應該就有力氣對丈夫體貼。

我在「使用說明書」系列作品的第一本《老婆使用說明書》當中，談的就是因應這方面關係的技巧。

言歸正傳，本書的主題則是透過這種大膽的思考角度，系統化地解析「女性腦」和「女人友誼」。

男人的友誼，跟女人的不同。

因爲大腦的存在意義就不一樣。

男性腦基本上都具備「爲夥伴犧牲自我的決心」，那是群體生活中雄性動物狩獵時的規範。而女性腦則大多抱著「不被周遭的人重視會有生命危險」的危機感，這是在群體中養育下一代的雌性動物本能。

爲他人而活的特質，以及爲自己（甚至是爲了親自哺乳的孩子）而活的特質，前者同性間的友誼當然融洽，後者同性間的友誼想必是烏雲密布。

這就是人們之所以說男人的友誼美好堅定，而女人之間根本不存在什麼友誼的原因所在。

但我們女人很清楚，女人之間確實存在著友誼。

我想很多人都有過因爲其他女性的友誼支持，而得以從修羅場的沼泥中脫身的經驗。

只不過大部分女人之間的友情，都伴隨著微妙的不適感——簡單來說，就是既喜歡又討厭。

女性腦總是渴望著他人的同理。想要同理別人，也希望獲得別人的同理，所以碰到跟自己相似的人，相處起來總是特別愉快。「我懂我懂！」你一句我一句地彼此附和，在一起的時光好不快樂。

然而，畢竟是不同的個體，還是會遇到感覺不對勁的瞬間。假如把情緒表現出來，可能會惹怒對方；勉強自己微笑以對，又會讓自己不愉快。

境遇相似的兩人「我懂我懂」地惺惺相惜，卻又因爲無法抹滅的微小差異而翻臉。你看，女人之間的友誼，根本沒那麼「美好無缺」。

不過，隨著人生閱歷增加，女人也會逐漸發現友誼是建立在「想法相近，能力各有千秋，但相互尊重彼此的優點」之上。

雖然大方向的核心價值（比如愛情重不重要、財富重不重要、健康重不重要這類大的核心價值）相同，但意見不同，卻能尊重彼此想法的差異，這就是友誼。

到了我這個年紀（六十多歲），「我懂我懂」這類女生談話會變得很無聊乏味，會很希望別人「講出實話，一棒把自己打醒」。被人鞭打的感覺是有點痛，卻也覺得很爽；可是被鞭得太大力，友誼也可能因此決裂。但過了幾個月，時間沖淡記憶忘了痛，彼此又玩在一起了。記憶力也不如以往了。

到了這個階段，友情不分男女，跟男人之間也能確實培養出友誼。

女人想要培養出這樣的友誼，**自我肯定感**其實不可或缺。能好好肯定自己的女人，才有辦法肯定他人。

依附他人評價而活，如果遇到跟自己不同的人，很容易在意那個人對自己的評價（對方有多重視我），也很在意周遭的反應（你比較重視我還是她）。抱持這種想法，當然建構不出恆久不變的友誼。

女人想取得「友誼力」，必須先建立自我肯定感。換句話說，女人之間問題的根源，其實在於自己和對方的自我肯定感低落。

正值生殖期的女性，不可能有百分之百的自我肯定感，因爲低自我肯定感正是生殖本能的一部分。

也就是說，**女人活在友誼隨時會被生殖本能撕裂的狀態下**。健全的女性腦難以培養友誼，生病的大腦更是難上加難。

這正是本書登場的時刻。

女人跟女人之間的關係，是建立在看彼此不順眼之上。既然如此，就讓我們透過系統理論，來看看我們女人到底在不爽什麼。

只要理解自己爲何不爽，就會發現自己的不爽其實很可笑；而了解對方不爽的理由，可以避開對方的地雷。

不可思議的是，女人在培養友誼的過程中，自我肯定感會自然而然地提升，因爲培養自我肯定感的關鍵，就在於「客觀性」和「克服困難」。

我把這本書設計成只要認眞實踐，就能提升自我肯定感。

這是我跟摯友兼作家坂口千津合著的書籍。我們已經不再被生殖本能耍得團團轉，加上獲得我最年輕的好友黑川愛（因爲是家人，便直呼其名了）的協助，以及長年以來並肩而行的編輯小澤由利子小姐，共同組成了「女女問題小組」。

女人啊，不要讓什麼生殖本能把自己的人生和友誼耍得團團轉，大家和平相處嘛。

在二十一世紀，女人不再只是爲了生殖而活。

而且現在是人的壽命有一百年的時代，生殖期結束後，我們還有五十幾年要活。在人生後半場的五十年，沒有女人的友誼太寂寞了。

那麼，就讓我們來看看有什麼方法可以擊退生殖本能吧。

【目錄】

第二章　為什麼看那個女人不順眼？
——不爽背後真正的原因

第三章 「惹人厭女人」的使用說明書

其四　看不懂感謝的人不順眼 129

第一章

解密女性腦

女人，看其他女人不順眼。
沒有人能阻止這件事情發生。
因爲這是女人正常的生理反應。生存本能是腦中最強的運作訊號，是怎麼也阻止不了的感覺。

先來定義什麼是女性腦

在這一章，我會以「女性腦的生存和生殖本能」爲主題來討論，但在此要先說清楚，我一點也不覺得女人就應該生小孩（或是生了小孩就比較了不起）。
生殖本能是動物大腦與生俱來的，我們人類從小到大，每天的生活都受到這個看不見的本能所驅動，無關乎有沒有生過孩子，我只是以此爲主題罷了。
在我的研究裡，把人的大腦視爲電子回路裝置，人際關係則視爲那項裝置的連結系統。

把人類看作「大腦的網絡系統」，可以發現很多有趣的事。比起所有個體都有孩子，部分個體沒有小孩，人類整體反而比較有活力。

爲了養育孩子，父母在某一段時期，必須把人生的資源都集中在小孩身上。相反地，沒有孩子的個體，人生資源穩定，可以持續爲社會奉獻，把資源全都用在自己身上，社會因此獲得支持，促進經濟發展。

仔細想想，蜜蜂和螞蟻的社會也大膽採用了這種方式呢（會跟生殖扯上關係的，只有女王和幾隻雄性個體）。社會性動物的人類也一樣，「沒有孩子的個體」是有其意義的。

未生育小孩的成熟女性腦，其母性會投射到社會上，成爲守護弱者的保護網，經常扮演組織裡的重要角色。各種宗教都保障不生小孩的女性，例如尼姑、巫女、齋王（譯注：未婚的日本皇族女性）、修女，並非偶然。

我有生養小孩（那個經驗當然十分美好），但身爲職業婦女，我受到未生養孩子的女性朋友非常大的幫助。

在「女人就應該要有孩子」的風氣還相當盛行的當今社會，下定決心不要有孩子的女性其實需要很大的勇氣。無論是本來就不想有小孩，還是想要孩子卻無法如願，統統都一樣。

我尊重她們的決定，祝福那樣的選擇。因此，我提出的大腦理論，本意並非要傷害做出那種選擇的女性。

這本書在討論「女性腦與生俱來的生殖本能」時，不可避免會舉生育小孩爲例，希望大家諒解。

此外，爲了便於討論，我把天生具備母性的大腦稱爲女性腦。但當然不只是母性，很多女性也具備其他種類的本能，社會上有多元的女性當然是好事。

只不過，不具備「典型女性腦」的人，不太會遇到女人之間的問題，也就不在本書討論的範圍內。換句話說，**本書所謂的「女性腦」，指的是天生具備母性的大腦，無關乎有沒有生小孩**。因此，生理性別爲男性的人，也可能具備女性腦。

那麼，女性腦的各位，請仔細想想：比起男女問題，我們爲什麼更容易被捲入麻煩不已的「女女問題」呢？

至於非女性腦的讀者，請從理解「女人之間不可思議的緊張關係」的角度來閱讀這本書。

青春期開啟「女人」的開關

在青春期，女性腦的自我會擴張到最大。

整個大腦的世界觀都被「自我」塞得滿滿的。

發生在自己身上的事，才是全世界最重要的事。瀏海稍微剪歪了，就覺得要世界末日了，完全提不起勁去上學，甚至覺得了無生趣，乾脆死死算了。只要是女人，應該都可以了解那種心情，那是每個人的必經之路。

另外，青春期也充滿猜忌。別人對自己一有任何舉動，馬上就會猜想：「對方是不是在攻擊我？」瞬間開啓警戒心的開關。

很容易被親朋好友隨便一句話刺傷，常常覺得很煩很煩，煩到不行。

過了青春期，這樣的現象會逐漸緩和下來。但是在生理期，女性或多或少會出現「擴張自我」和「猜忌增強」的狀況，很難避免。這些都是伴隨排卵而來、大腦重要的自我防禦本能。

哺乳類的雌性動物，在周產期（以人類來說，就是懷孕二十二週到生產後七天）會變成全世界最脆弱的生物。狩獵能力減半，生產過程中和剛生完這段時間，無法防禦外敵的侵襲。

那麼脆弱的生物，爲了順利產下孩子，自己（包含孩子）必須是社會最關心的對象才行。所以，懷疑周遭人們的一舉一動是不是「在攻擊自己」的猜忌，是不可或缺的本能。

假如大家重視他人更勝於自己，哺乳類的雌性動物無法讓孩子生存下來。假如對周遭的攻擊不夠敏感，哺乳類的雌性動物也無法存活。

因此，刺激排卵的女性荷爾蒙雌激素分泌時，「自我」和「猜忌心」也會跟著排山倒海般向女性腦襲來。

雌激素具有促進生殖器官發育的功能，會在青春期大量分泌。進入青春期後，女性腦的引擎突然油門全開，女生恐怕會因此感到相當混亂。

回想起來，我月經第一次來是在國中的時候。

因爲月經初潮來得晚（國中三年級），所以能夠客觀地觀察其他同儕「雌激素風暴」來襲的狀況。一點小事，女學生就大驚小怪地哭道：「你爲什麼那樣說？」然後周遭其他女同學對眼淚起了反應，異口同聲地嚷嚷著：「對啊對啊。」整個狀況讓我覺得謎團重重。「那是怎麼回事？怎麼會那樣？嗯？那是什麼意思？」那時我覺得自己彷彿走進電影般，除了自己之外，其他人都變成了殭屍。

但不久後，我也成了團體的一員，因爲從某天開始，我也自然而然地融入團體之中了。

女人有組小圈圈的本能

我就是我。

明明這樣想比較輕鬆，但大腦不允許我們這樣做。

人類無法單獨養育孩子，因爲我們是動物界裡育兒期最長的物種。人類的嬰兒從出生到學會走路，大約需要一年；哺乳期之長也是自然界中的例外，最長可能要兩到三年；而發育到完全獨立的成人，最快也需要十幾年的時間。

在沒有人工營養的時代，假如哺乳期間長時間健康狀況欠佳，好幾天分泌不出乳汁，就會使孩子變得衰弱，這種狀況會導致生殖效率變差。而生一次小孩需要花費將近一年，生產過程更是在賭命。

因此，人類的生育從幾百萬年前開始，就是在女人的共同體中進行的。大家一起哺乳，聊天分享育兒經驗，以提升彼此孩子的生存率。

人類女性必須跟其他同性來往，否則無法順利完成生兒育女的工作。所以作爲生殖本能的一環，我們會覺得沒辦法自己一個人獨處，渴望別人重視自己，才會有安心感——正確來說，有這種意識的女性，才有辦法順利把孩子拉拔長大。

這個天然的淘汰機制運作了好幾百萬年。正因爲如此，就算是二十一世紀的女性，只要具備成熟的生殖功能，抱持著「希望跟別人在一起」「希望有人珍惜自己」的想法一點也不奇怪，不是嗎？

任何人都希望自己是團體中「最重要的存在」

單純只是待在團體之中，是無法提高生存機率的，必須想辦法讓自己獲得團體成員的重視。尤其在自己無法爲團體做出貢獻的周產期，想獲得團體的支援，就必須讓自己獲得成員們的喜愛。

所以年輕女性總是希望大家都喜歡她。

獲得團體的重視，順序就會被排在優先，每個人都最關心自己，獲得最好的資源（食物、環境、資訊、情緒支持、勞力）。這是生殖的第一步，因爲我們哺乳類是親自哺乳的物種，必須把最好的資源都得到手。女性腦非常明白，這是讓孩子未來的生存機率提高到最大的唯一關鍵。

因此，只要出現可以比較的對象，年輕女性就會想著：「這個人有多重視我？」假如彼此之間出現第三者，就會開始比較：「我跟她，這個人比較重視誰？」

感情好的高中女生小團體，常常會因爲這個因素反目成仇。假如三人小組當中，有兩個人單獨出去玩，被排除在外的那個人就會覺得自己「遭到背叛了」。即使是因爲自己的時間無法配合，原因出在自己，也是一樣。

還有，明明小團體的感情很好，一旦小圈圈當中某個成員缺席，就會說那個人壞話的女生也不少，但那其實是在釋放「比起那個人，要更愛我喔」的訊息。假如把這些行爲全都想成是生存和生殖本能，也就是守護未來孩子的母性造成的結果，應該會覺得挺可愛的，不是嗎？

像這樣，女人必須想辦法跟「覺得自己最重要」的人相處，所以女人跟女人之間相處起來很難完全沒有壓力。

好感情小團體的眞相

「希望自己是群體中最受重視的，假如不能成爲第一，至少要想辦法擠進團體中最有權力者的小圈圈。」如果人類女性的生存本能，能像這樣用言語說明清楚，應該就可以明白高中女生小團體和「媽媽友」群組的眞面目。

不斷彼此爭奪「誰才是第一」實在太累人了，因此決定好誰是第一名，大家都進入第一名的傘下，就能安心許多。這就是小圈圈的眞諦。

高中女生正値雌激素分泌旺盛的時期，而媽媽友群組，她們的大腦剛好在執行「生兒育女大作戰」，都是「女性腦生殖本能」最爲強烈的時期。

身爲女人最好要知道，就算不是高中生或育兒期的媽媽，只要是女性，或多或少都會有「假如沒獲得重視，就會活不下去」的焦慮感，以及「我被攻擊了嗎（對方是不是看我哪裡不順眼）」的猜忌心。

我們活在自己跟其他女人的勾心鬥角之中。

大部分情況下，假如對方的生殖本能太強，我們可能會感到厭煩，但有時我們也會被自己強烈的生殖本能折磨（例如嫉妒心）。對方的生殖本能可能是問題，不過自己的生殖本能也可能助長了對方。

想解決女人之間的問題，光是從「我得想辦法搞那個壞女人」的角度來思考是不夠的，想一想該如何馴服「自己內在的女性生存本能」也是一大重點。

成熟的女人彼此謙恭禮讓

身爲腦研究者，我希望所有女性的大腦都能獲得滿足，但只要大部分女性都具有「既想成群結隊，又想成爲第一」的本能，那樣的願望恐怕無法實現。因爲第一名只有一個，就跟大風吹搶椅子的遊戲一樣，是嚴峻的爭鬥。

因此，成熟練達的女性，會彼此謙恭禮讓。「那個部分你最棒，但這一點我比你強喔。」像這樣默契十足地彼此配合，兩人逐漸成爲好友。

「擅長烹飪」「擅長收納」「有雙美腿」「傲人雙峰」「擅長英文」「很會唱歌」「會計能力強」「擅長接待客人」「具有高度專業技能」等等，彼此分配榮譽。所以，成熟的女人會互相讚賞。

而且爲了襯托對方，還會示弱，例如：「你會○○好厲害哦，我完全不行。」

這個方法要行得通，關鍵在於團體中的每個女性成員，都具有一定程度的自我肯定感。認爲自己的強項絕對優於他人，因此能毫不猶豫地把其他「位子」讓給別人。

然而，年齡在五十幾歲之前的女性，恐怕連「自我肯定感」也很難得到。

女性的自我肯定感爲何偏低？

最近煩惱自我肯定感低落的女性意外地多。

人類女性的大腦在生殖可能期間，自我肯定感本來就被設定得很低，非常在意別人對自己的評價。女性腦有「成群結隊，讓團體保護自己」的本能，會這樣也很理所當然不是嗎？

換句話說，女人拚了命想獲得別人的好評價。「拚了命」可不是比喻，對大腦來說，眞的是在搏命。

距離現在一百年前左右的人類，生殖期一旦結束，生命就差不多邁入終點了，根本沒有人會發現女性的自我肯定感低落這件事。然而，身處二十一世紀，女性停經之後還可以活五十年，光靠生殖本能是無法讓人生幸福美滿的。

在生殖可能期間，女性自己根本不會察覺到自我肯定感低落，一心一意只希望自己被他人所愛——希望別人喜歡自己，爲符合別人對自己的期待而行動；希望別人讚賞自己是好人，因此爲周遭的人犧牲奉獻；希望自己成爲好妻子、好媽媽、社會認可的好國民。

然而進入更年期，就會突然警覺：「我是不是被其他人利用了？」

生殖期結束，對大腦來說，拚命想辦法讓周遭的人喜愛自己就沒有意義了。一旦「希望被愛」的想法消失，就會覺得自己扮演乖孩子或好人一點好處也沒有，甚至是種損失。

過了五十歲，女性就會被「家人不夠感謝自己」的感覺搞得烏煙瘴氣。做飯給家人吃，他們卻連個「好吃」也不說；把家裡打掃得乾乾淨淨，也沒人感謝；客廳剛整理乾淨，大家就把脫下來的衣服丟在地上；調味料用完後不放回去；剛洗好的毛巾，擦個一下就丟進洗衣籃，而且一點感激之情也沒有。偶爾拜託對方「幫我把衣服收進來」，卻擺張臭臉。我到底是爲了什麼犧牲奉獻？

我是誰？我爲了什麼而活？我的存在價值在哪裡？

是的，會因爲自我肯定感而煩惱的，大多是四十五到五十多歲的女性。

爲自我肯定感煩惱的，不知爲何都是非常出色的人

會煩惱自我肯定感的女性，大多很出色，很多都是「乖孩子」「好人」「好女人」，走在人人欽羨的主流道路上。她們也許是太渴望成爲「乖孩子」「好人」「好女人」（也因爲扮演得太好），而迷失了自我。

有個非常美麗且有才華的友人曾經怨嘆道：「我什麼也不是。我是某某某的太太、誰誰誰的媽媽，除此之外，我什麼都不是。」「我爲了家庭犧牲奉獻，家人卻一點也不感謝。得不到任何評價的我，一點價值也沒有。」

對這樣的人說「你很棒啊」，說了也是白說。對方的確非常優秀出色，但是對她的大腦來說，自己「只是爲別人而活的工具」。

因爲她的大腦渴望的是「尋找到自己，爲自己而活的人生」。

大人系戀愛不過是「續命措施」

假如過去曾有差點溺死在「人生汪洋大海中」的經驗，遇到丟過來的救生圈，就會死命地緊抓不放。那可能是戀愛，可能是獨特的健康法，也可能是宗教。

——戀愛。

我認爲，女人要是有幸遇到「大人系戀愛」，應該盡情去享受戀愛的個中滋味。我過了六十歲之後發現一件事，那就是四、五十歲談的戀愛，是人生最後的戀愛，因爲怦然心動、小鹿亂撞的感覺，停經之後就再也不會出現了。你問，覺得空虛寂寞嗎？一點也不，到了這個年紀，不但情緒穩定，也可以專心於自己的興趣和工作，或含飴弄孫，棒極了。只不過，有時會想起過去談戀愛時心潮澎湃的感覺，而懷念不已，這大概就像是「人生走到盡頭時，帶去另一個世界的紀念品」吧。

跑完人生前半段的戰場後（育兒到一個段落之後），假如有幸展開了新戀情，就藏起來偷偷享用一番吧。把它當作短暫追尋自我的時間，再次發掘自己身爲女人的那一面，了解自己誕生在這個世界上的意義。畢竟，現在可是百歲時代呢。

關於大人系戀愛的正確打開方式，請參考拙作《戀愛使用說明書》。

但是啊，就算人生最後的戀情把自己從自我迷失感中拯救了出來，也無法因此放心。因爲，戀愛根本不持久。

假如不想迷失自我，還是必須找到一個跟生殖沒有直接關係（也就是並非戀情，也不是家人之愛），對自己來說非常有價值、喜歡得不得了的事物。

人生眞正的目的就在於跟「喜歡得不得了」的東西相遇，或是找到「只有自己才有辦法完成的使命」。而「喜歡得不得了」和「使命」大多是一體兩面的事物。

大腦是孕育出基因和體驗，空前絕後、這個宇宙中獨一無二的裝置。這項裝置絕對不是爲了體現「人世間的一般見解」而誕生在世界上。

體會這個大腦才有辦法感受到的體驗，享受這個大腦才有辦法帶來的人生滋味，才是這項獨一無二的裝置存在的意義。

因此，**無論要不要談戀愛、要不要組成家庭，在人生較早的階段尋找到生命的目的，女人的人生才有辦法風調雨順。**

「乖孩子」「好人」「好女人」當中沒有「自己」

要做到那樣其實很難。自我肯定感低落的人，就算建議「你去嘗試看看喜歡的事情呀」，大部分的人過了再久還是沒有動作，因爲一直以來扮演著乖孩子、好女人、好人的人，好奇心已經凍結沒用了。

美麗又聰明的人，從小就扮演乖孩子的角色，以符合父母對自己的期待。言行舉止符合父母的期望，按父母的期許考上理想的學校，按父母的願望結婚生子，讓他們抱孫。在職場上扮演優秀的員工，在男性面前則是細心體貼的女性；隨時隨地都在減肥健身，總是神采奕奕、美麗動人。

那樣有什麼不好嗎？是的，很不好。

假如是有自覺地在扮演那些角色，而且有時間限定，當然沒什麼關係；但如果是眞心想成爲乖孩子、好女人、好人，這個策略對「生殖期女性」來說可能有效，但是對「壽命百歲的人類」而言，可以說是蠢到不行。

隨時隨地都在討好別人是件非常危險的事，因爲好奇心不再運作了。

大腦一分一秒都不會浪費。假如把自己的一切都交由他人評價，去感受自己的感覺就一點意義也沒有，甚至會變成壓力的來源。既然如此，就不要去感覺、不要去思考吧——大腦會如此判斷。

五十歲的自我價值動搖危機

失去好奇心之後，就會把「活著的意義」寄託在周遭人們的慰問辛勞、感謝和讚賞上。

家庭主婦常常會把「慰問辛勞、感謝和讚賞」全部寄託在家人身上，這其實非常危險，因為家人往往把每天的日常生活視為理所當然，根本不會去感謝。

但職業婦女也未必能從職場上獲得人生意義。有不少人會覺得自己的努力沒有獲得正當評價，而滿口抱怨，被其他人當作麻煩的「職場資深老大姊」。

每個人到了五十歲之後，「想被周遭所有人喜愛」的心就會消失殆盡，覺得不斷付出的自己損失慘重。想擺脫自我價值動搖的危機，迎接充滿自我肯定感的六十歲，就要想辦法找到戀愛和家人以外的「喜愛事物」。

那麼，萎縮到快不見的好奇心，該怎麼做才能使其恢復活力呢？

「克服五十多歲時的自我價値危機，迎接美好的六十歲人生」，是個非常大的人生難題，有機會再透過別本書來討論。這本書的主題是女人之間的問題。

但**未能獲得自我肯定感就進入人生後半場**的女性腦，其實是造成「女女」問題的主因之一，所以我才會在此提出年輕女性避之唯恐不及的職場資深老大姊，以及麻煩的婆媳問題。

女性腦也有世代差異

希望年輕朋友可以記得這一點：四十五歲之後的女性，她們的大腦和你們的很不同。

生殖本能銳減，不知道自己扮演好人的意義在哪裡。因此，假如自己爲身邊的人犧牲奉獻，卻沒有任何人感謝和慰問自己的辛勞，就會迷失自我。這個傾向在停經（平均在五十歲左右）之後會達到高峰。

許多五十多歲的女性，都把人生價值寄託在「他人的感謝和慰問辛勞」。

假如你覺得這個年齡的母親或前輩很難相處，就請好好慰勞對方的辛勞，感謝她們的付出讓你「每天都能過得這麼理所當然」，她們就不會因此失去自我價值。

慰問她們的辛勞，並感謝她們對日常生活的付出，對於消解女人之間的問題幫助非常大。這是眞的，請一定要試試看。

而且啊，假如仔細觀察她們「每天理所當然的日常生活」，應該就會發現，她們的日常其實都相當繁瑣辛苦。

培養這樣的觀察力，對提升年輕女性的工作和家庭管理能力都很有幫助。因此，感謝年長女性，最後也會幫到自己。

女人的人生，有高峰，也有低谷。

女人的友情，有甜，也有苦。

女人的人生要過得快活，沒有使用說明書實在太難了。

那麼，我們來開處方箋吧。

第二章

★

為什麼看那個女人不順眼？——不爽背後真正的原因

前一章提到，女性腦具備「想成群結隊，且希望自己能獲得群體重視」的本能，年輕時還容易擴張自我、充滿猜忌。此外，容易過度在乎別人對自己的評價，使得自我肯定感低落，失去人生的意義。

這樣想想，身為女人好像活得很痛苦耶。但男性腦也有屬於自己的束縛，就是「隨時隨地都要去狩獵的大腦」，那其實也讓人活得相當辛苦呢（微笑）。

總而言之，擁有女性腦的人相處在一起，看彼此不順眼是很正常的。本章將解析看彼此不爽背後真正的原因。

在什麼情況下，女人會看另一個女人不順眼？

向多名女性進行田野調查後發現，無論對方是比自己優秀，還是比自己差，女人都經常看其他女人不順眼。

若對方的能力遠遠超越自己，就會讚賞、憧憬；但如果對方的實力跟自己不相上下，心情就會有點複雜。尤其是長相和溝通能力（包含外語能力），「對方的能力跟自己差不多，但稍微在自己之上」的情況，特別難以忍受。

那個讓人焦躁的原因其實很簡單，就是**對方威脅到自己在群體中的地位**。自己在群體中的地位可能遭受威脅，因而感到焦慮。

女人喜歡「超級大美女」，卻看「普通美女」不順眼

女性對美女沒轍。

我活了六十多年，人生當中參加了各種女性社團，無論在哪裡，長得漂亮的女人都有絕對的話語權。班上最漂亮的女生說的話，決定一切。

原因非常顯而易見。我們的大腦本來就很容易覺得「動物能力高（生殖能力佳、直覺敏銳）＝個人特質優良」，長得漂亮在某種程度上，證明了對方能

力好。

比方說，能促進排卵的女性荷爾蒙雌激素分泌平衡，便能帶來曲線窈窕的身材。

雌激素是以膽固醇爲原料生成而來，因此適當的脂肪是必要的。大家應該都知道，皮下脂肪過少，月經容易失調。皮下脂肪之所以重要，是因爲若無法穩定地提供營養，胎兒便沒辦法正常發育，所以適度地儲存脂肪，也是生殖荷爾蒙的功能之一。但脂肪都儲存在肚子，會擠壓到胎兒生長的空間，因此脂肪會分兩個地方存放，分別是胸部和臀部。前凸後翹的豐滿曲線，正是荷爾蒙爲懷孕做準備的功勞。

而停經後，雌激素不再分泌，無論是變瘦或變胖，可口可樂瓶那樣凹凸有致的身材再也回不來了。雖然很感傷，但這是全世界女性必經的過程。

男性之所以喜歡凹凸有致的女性（覺得那樣的肉體眞美妙的原因），是因爲那代表那具身軀的荷爾蒙分泌平衡、生殖能力高。

假如女性的荷爾蒙分泌平衡，大腦的荷爾蒙中樞司令塔就能運作順利；如果大腦荷爾蒙中樞運作良好，其他荷爾蒙的分泌也會相對平衡，除了外表，好奇心、注意力和直覺等等應該也會優於其他人。是的，長得漂亮，是動物能力優秀的證明。

我們的大腦明白這個道理。所以，遇到美若天仙的女性會覺得未戰先輸，原因就在於此。

男性覺得輸給體格比自己好的帥哥，雄鳥覺得輸給尾羽比自己鮮豔搶眼的鳥類，也是同樣的道理。大腦的結構生來就會覺得免疫力高、生長環境優渥的個體外貌良好。

美女，不是女人的敵人

那麼，我們為何會覺得生殖能力高、直覺稍微比自己好的女人有威脅性呢？

「因為她們很有魅力，很受男人歡迎啊，所以會把最好的男人挑走。」如果你這樣想，很抱歉，並不是那樣。

男人對長得漂亮又聰明的女性的確沒什麼抵抗力，但是，她們對你覺得的「優質男性」其實可能沒什麼興趣。

假如是國中生那種「為愛而愛的年紀」還有可能，但成熟女性眞正的生殖本能，出乎意料地看不上你所謂的「好男人」。

因為，兩個人到底會不會結合在一起，最終是由基因決定的。

動物會被擁有自己沒有的免疫抗體類型的異性吸引，因爲那樣可以提升子孫的生存機率。

換句話說，擁有的基因不同，動情的對象也會有所不同。參加朋友的婚禮，覺得「新郎的確很不錯，但不是我的菜」的情況出乎意料地多（微笑）。

高個子的女性，大多不在乎伴侶的身高；美女反而對帥哥沒興趣，因爲她們已經有美貌的基因。所以出乎意料地，美女，並非敵人。

和美女在一起，久了也會跟著變成美女

更厲害的是，和荷爾蒙分泌平衡的女性相處，自己也會跟著向上提升。

身爲女性，應該都聽過「月經會傳染」這個說法。

母女、姊妹，或是感情好的朋友，生理週期大多相同。我大學時期住在女子宿舍的四人房，床鋪並排在一起睡覺的朋友，經期常常重疊，這是女子宿舍

的常識。

我看過一篇國外的論文，裡面提到：「把夾在某個女性腋下的脫脂棉，拿去貼在其他多名女性的鼻子下。這樣生活一陣子之後，其他那些女性的月經週期，會跟提供腋下脫脂棉的女性同步。」

腋下是費洛蒙分泌的部位，聞腋下的脫脂棉，等於在聞費洛蒙。

費洛蒙是種氣味物質，我們的嗅覺器官會在無意識間接收它。而生殖荷爾蒙分泌的量，會隨著聞到的費洛蒙而增減。

也就是說，我們女性日常生活中體驗到的「被其他人傳染月經」，背後眞正的原因其實是感受到彼此的費洛蒙，然後大腦讓大家的經期同步了。

爲什麼月經週期會同步呢？

有可能是因爲人類是哺乳動物。在遠古時代，沒有所謂的人工營養，假如乳房分泌不出乳汁，小嬰兒就只能等死了。所以，那個時代的女人在差不多的時間一起生孩子比較有利，因爲可以彼此共享乳房。

因此，只要能感受到彼此的費洛蒙，待在費洛蒙分泌平衡的健康美女身邊，對女性來說非常有利。受到美女的正面影響，雌激素分泌增加，女性魅力也會跟著提升。

所以，女人最喜歡美若天仙的美女了。

不僅對普通美女不爽，也看不努力的友人不順眼

那麼，之所以看「跟自己沒差太多的美女」不順眼，是因爲擔心自己的地位受到威脅，更勝於美女費洛蒙帶來的好處吧？

可是啊，那其實也只是在幻想罷了。

前面也提過，大家不可能都喜歡上同一個男人，而男人也不可能人人喜歡同一個女人。

女人誤以爲自己覺得不錯的男人，評價女人的方式跟自己一樣，因此「跟自己沒差太多的美女」便成了競爭對手。

然而，那些看起來不錯的男人，跟你的價值觀當然不可能相同。

這部分會在第三章詳述。

價值觀並非只有一種

不過麻煩的是，女人容易覺得之所以看那個人不順眼，都是那個女人的錯。

大腦感到煩躁的眞正原因在於「自己的優勢地位遭受威脅」，但顯意識會尋找其他理由。因此，大腦會想盡辦法找出對方的缺點，將「那個人就是討人厭」正當化。

之所以看那個人不爽，是因為大腦認為對方「威脅到自己的優勢地位」。**正視那樣的想法，人生道路會寬廣很多**。去除這種煩躁感的解方很簡單，只要思考「如何確保自己的優勢地位，同時跟那個人來往」就好。

在第三章，除了列出讓人看不順眼的類型之外，還會爲各位指出看別人不順眼的眞正原因，以及對應方法。

在這裡我想跟大家說的是，認爲「價值觀只有一種」時，就會覺得其他人看起來都像敵人。

認爲腰圍必須維持在六十公分以內，因此死命把腰圍控制在六十公分，看到腰圍五十八公分的友人就會覺得不爽，但也會看腰圍七十公分的友人不順眼——看七十公分的友人不順眼的原因在於，「自己那麼重視的事，對方卻覺得無關緊要」。

但有的男性則認為，腰圍八十公分都無所謂，可是臀圍絕對要一百公分以上，例如我兒子。

說起來，「腰圍一定要六十公分以內」明明是自己的成見，卻以這個基準限制自己、製造敵人，覺得別人都不重視自己的意見，豈不是很蠢？

多元價值觀吸收得多，對周遭環境的焦躁感就會逐漸消失。也能避免其他人對自己產生不滿。

解決女人之間問題的關鍵，就在於**價值觀的多元化**。

第三章

「惹人厭女人」的使用說明書

這一章要談的是面對「惹人厭女人」的方法。

本章介紹的方法，可以從兩種角度來理解。

一種是，**該如何面對「看自己不順眼的女人」**。

另一種則是，**該如何處理「自己心中的不爽」**。

女人有時會是不爽別人那一方，有時則會變成被其他人看不順眼那一方。

比方說，女性會對比自己優秀的人不爽，但依據對象不同，自己會成爲「優秀的那一方」或「較差的那一方」。

因此，希望各位能從「被看不順眼的女人」或「看人不順眼的女人」兩種角度來看這一章。

比方說，本章的「其一」談的是如何處理「看美女不順眼」的情緒，但無論是站在美女的立場，還是站在不爽美女的角度，都很有幫助。

無論是站在哪一種立場，在閱讀本書的過程中都可以發現，「看人不順眼」和「被別人看不順眼」其實是一體兩面的事。無論是被別人看不順眼，還是看人不順眼，都是以「世人的評價」爲基礎，爲了讓自己「比誰都重要」而奮戰。

我在這一章想要傳達的是，根本就不要「自己跑進相撲場裡」跟人較勁，相撲場就是所謂的社會眼光。

希望能從各種角度來討論，一點一滴將這個重點傳達給各位。那麼，我們就進入這一章吧。

其一

看比自己漂亮的人不順眼

大部分的女性都喜歡漂亮的女人。把美麗的女演員和模特兒當作女神來崇拜，爲可愛的偶像著迷不已，追蹤她們的社群媒體，確認她們的貼文是每日功課。

然而不知爲何，女人卻對身邊稍微比自己漂亮可愛的女性感到不滿、厭煩。

美女能帶來好處

女人喜歡美女，有腦科學上的理由：因爲美人能爲周遭環境帶來好處。

我們的大腦有叫作鏡像神經元（mirror neuron）的細胞，這種細胞具有把他人的表情和舉止，如鏡子映照般刻印到自身神經系統的能力。

跟表情美麗的人在一起，自然會流露出美麗的表情；跟言行舉止優雅的人在一起，言行舉止自然會變得優雅。這種現象眞的很常見。

當表情轉印到大腦神經系統後，便會觸發腦神經訊號，做出那樣的表情。充滿好奇心而閃閃發光的雙眼、完全感覺不到不滿等情緒的雙唇、呈現出積極樂觀心情的高顴骨——跟這種表情的人在一起，表情轉印到自己身上，好奇心、滿足感、積極樂觀的心情便充滿大腦。

無論是男性或女性，成功人士毫無例外地，總是流露出「充滿好奇、積極樂觀」的表情。而他們周遭的人，表情也會變得充滿好奇、積極樂觀，因此事業容易成功。

也就是說，長得漂亮的人，能讓身邊的人「充滿幹勁」，不只是自己，也能爲周遭人們帶來幸福。

此外，如第二章所述，美女也能讓其他女性的月經週期同步。女性荷爾蒙雌激素，可以帶來凹凸有致（前凸後翹、水蛇腰）的身材，以及水嫩飽滿、有透明感的肌膚；換句話說，美麗就是荷爾蒙分泌平衡的證明。除此之外，美女還有同步化周遭女性荷爾蒙週期的特質。

所以，長得漂亮的朋友很珍貴，因爲她們能同步化其他人的月經週期，讓身邊女性的荷爾蒙分泌平衡順暢。

美女朋友不僅對我們的臉蛋有好處，對頭腦和身材也很好。

反過來說，假如身邊的人都長得不漂亮，很遺憾地，人生會變得越來越窮困。女性腦的潛意識非常明白這件事。

所以女性的美醜標準，會比男性來得嚴格——證據就是，比起跟異性約會，女人參加女子聚會時，會更留意化妝和穿著打扮。

明明長得漂亮，卻被其他女人看不順眼的人

待在美女身旁好處數不完。女性本能地知道這點，因此基本上大家都喜歡美女。

不過，有些人明明是美女，爲什麼卻被其他人看不順眼呢？

其中一個例子就是「外型漂亮，但沒有讓身邊的人受益」。這可能有以下兩種情況。

①外型漂亮，但表情黯淡陰沉。

②身材凹凸有致，但荷爾蒙分泌失調。

表情黯淡陰沉時，容易不斷觸發消極保守的思考回路，不但本人煩躁，身邊的人也會受鏡像神經元影響，而焦躁不已。

至於減肥、整形創造出來的美麗外型，假如荷爾蒙失調，分泌不出好的費洛蒙，恐怕不僅沒有想像中受歡迎，還容易被其他女性看不順眼。女性腦，可沒那麼好騙。

表情黯淡陰沉的女性，不做朋友也罷

假如你總是看某個長得漂亮的朋友不順眼，對方很有可能是這種類型的人。

美麗的臉蛋容易吸引周遭的目光，觸發其他人的鏡像神經元。因此，一個擁有漂亮臉蛋的人嘴角下垂，露出黯淡陰沉的表情，她造的孽恐怕比沒那麼漂亮的人來得多。

所以，**盡可能不要跟「外型漂亮，但表情和舉止不美麗的人」來往**。現在社群媒體發達，是個不用頻繁地跟朋友見面的時代，想來這件事應該做得到才是。

像我過了六十歲之後，既沒有月經，表情也不太會被周遭其他人影響。我本來就默默覺得自己是不是有輕躁症，大腦隨時隨地都充滿好奇心、滿足感、積極樂觀（我的飲食當然每天都很營養豐富），就算眼前的美女愁眉苦臉，一點也不會覺得怎麼樣。

話是這樣說，不過在有月經的年齡，具有識別能力的年輕人最好多注意一點。事實上，年輕人也容易看這種陰沉美女不順眼。

假如你看不順眼的對象，是個「長得好看卻表情陰沉」或「透過減肥或美容方法勉強自己維持身材」的人，很遺憾地，那樣的人確實對周遭有害。請仔細想想，真的要跟那樣的人交朋友嗎？

外貌再怎麼姣好，表情陰沉的人恐怕不是好的交友對象。假如你希望有個幸福美好的人生，最好不要讓表情陰沉的人圍繞在身邊。

平時積極樂觀的人偶爾陷入低潮，當然要幫助對方度過；但無時無刻不擺著陰沉表情，說出來的話往往讓人不愉快的女性朋友，真的會讓你的人生變得越來越窮困、厄運連連。

假如你願意爲對方犧牲自己的人生，當然再怎麼窮困潦倒也願意一起走下去；但倘若並非如此，就不要歹戲拖棚繼續來往了。

那樣很過分嗎？

不，我一點也不覺得過分。

都已經是大人了，要爲自己的表情負責。表情是對朋友的體貼，毫無保留把自己的負面情緒發洩到朋友身上的人，稱不上是朋友。覺得無法見死不救，壓抑著滿腔的不滿待在對方身邊，簡直荒謬。跳下水去救人，結果自己卻溺死了，人死了一點意義也沒有啊。

改善陰沉表情的方法

假如你怎麼也離不開對方，那就盡可能爲對方擺出充滿好奇心、積極樂觀的表情吧。希望鏡像神經元的力量，能稍微改善對方的表情。

我自從過了五十歲，就變得能夠把大家捲進我「積極樂觀好奇心」的迴圈中。人生有高峰有低谷，我見過非常多次，迷失自我的友人在跟我相處後，重新找回了自己。

假如你看到表情陰沉的朋友無法見死不救，請務必以你的「美好表情」改變對方的腦神經訊號。

樂觀表情和正向語言，是最強的防禦

假如你盡力了，她還是改善不了，該怎麼辦？

其實，很多根本無法改變、消極悲觀的人，跟樂觀積極的人待在一起也會感到痛苦，最後自己離去，所以盡力就好。

總而言之，只要讓自己保持積極樂觀、充滿好奇心的態度，你就會像是經過撥水加工處理的大衣，不會被雨淋濕，表情陰沉、讓人不爽的女人不會來附在你身上。

你不用擔心她。你很快就會找到跟你有著相同表情的人，成爲朋友。

請摸著自己的心，好好想想。

假如你身邊有很多表情陰沉、讓人不爽的女人（或是那樣的人長期待在你身邊），你的表情是不是也跟她們一樣？

讓自己的表情保持積極樂觀，是驅趕惹人厭女人最棒的方法。除了跌落人生低谷之外，請不要到處抱怨、肆無忌憚地說人壞話，因爲樂觀表情和正向語言，是最強的防禦。

嫉妒是大腦功能正常運作的證明

現在讓我們來想一想，發現自己看「表情積極樂觀，個性好，身材曼妙的美女」不順眼時，該怎麼辦？

換句話說，當自己因嫉妒而感到折磨時，該怎麼辦？

首先，請不要責備遭嫉妒心愚弄的自己。

如第二章所說的，女性看身邊長得漂亮的人不順眼，原因在於女人的生存本能——既想成群結隊，又想成爲群體中的第一。

因此，女性不會對不同團體中「美貌出眾又可愛的女人」產生敵意。只有同一個團體裡的女人才會讓你感到不愉快，例如同一所大學、同一個職場、孩子上同一班的媽媽友等等。

前面提過，美女可以讓周遭人受益，自然能獲得他人的重視。美女獲得的重視更勝於自己，大腦覺得「原本自己可以得到的好處」都被長得漂亮的人搶走了，是很正常的；換句話說，看美女不順眼，是很正常的動物本能反應。

覺得自己嫉妒美女時，只要想著「我的大腦運作很正常呢」就好了。

接著，請你好好想想當美女的朋友有哪些好處。

如前面提到的，美女能讓身邊的人跟著變漂亮、變聰明、變窈窕，這樣一想，哎呀很神奇地，對她們的嫉妒心突然少了許多。

因爲啊，你仔細想想，就算變成團體中的老二，整體的存活機率也會因爲美女而提升。

這個方法，是利用顯意識來抑制潛意識引發的煩躁感。歡迎嘗試看看。

把嫉妒轉換爲自我提升策略

另一個方法是**把嫉妒變成一種策略，並用它來提升未來的自己**。

我很尊敬的一位同志，Kazuquo 媽媽桑，她在銀座經營一家酒吧，還出版過一本書叫《我與母親的餃子狂想曲》（集英社出版）。酒吧總是座無虛席，仰慕 Kazuquo 媽媽桑的女性絡繹不絕。我曾問過媽媽桑，她對「女人看美女不順眼」這件事有什麼感想。

媽媽桑說，去她酒吧的女性大多是公司老闆，她們遇到比自己漂亮的女人時，「感興趣」遠多於嫉妒。她們會從對方身上挖資訊，例如用哪個品牌的保養品、去哪間美容診所、去哪家健身房、吃什麼樣的健康食品等等。她們不只把蒐集到的資訊用在自己身上，也利用那些資訊拓展人脈、創造新的生意機會。

這是把「讓人不爽的對象」，變成「對自己有幫助的人」的好方法。不過這個方法，僅適用於有一定年紀的女性。

二、三十歲，生殖能力高的女性，要做到那樣恐怕很困難。

討人喜歡的重要因素在於反差萌

我想，處理「看長得漂亮的人不順眼」這種情緒的最終方法，是了解到「美貌」並不是終極武器。

一般程度的美貌，的確能因此獲得一些好處，但要討人喜歡，其實有其他要素。

出乎意料地，人容易對別人的「弱點」產生憐愛之情。

平時總是精明能幹的女強人，因爲一點挫折而傷心落淚；看似完美無瑕的帥哥，竟然無法自己一個人進餐廳吃飯；平時總是很溫和的女性，突然對某件事情憤慨萬分——人們容易被這樣的反差吸引。

不過，這種「引發別人憐愛之情的反差萌」，只存在於產生憐愛感那一方的大腦裡，我們無法預測。所以只要不矯飾、做好自己，一定能遇見愛自己的人。

過度在意其他女性目光的代價

當今的女人總是拚了命想讓自己瘦下來，但是你知道嗎？瘦其實沒什麼好處耶。

觀察我所認識的人，身材最結實健碩的女性，其實最受歡迎；某種程度上，可以說是受歡迎到異常的地步。而且前來搭訕的，全都是實業家、傑出的生意人等強運男。

在生殖能力還很旺盛的時期，我有個很特別的「迷信」，那就是當我超過一定的體重時，就會被告白、搭訕。

像有一次，身材纖瘦的女性朋友嚇我：「我老公說，腰圍超過六十公分，就不能稱為女人。」結果回家路上，我就被小十歲的年輕實業家搭訕了（當時的我超過那條基準十公分以上）。

我兒子非常迷戀有著巴西女孩般超過一百公分曼妙臀圍的媳婦，他常常跟身為母親的我讚嘆道：「老婆屁股超大，吃飽飯後凸出來的肚子可愛到不行。」媳婦身材豐腴，穿上國外品牌的洋裝真的非常好看。腰圍的確超過七十公分，但是又怎樣？人家就是可愛啊。大概就是這種感覺。

我問體重掉到四十公斤以下，月經都停了，還想繼續瘦下去的十九歲女生：「為什麼這麼想瘦下來呢？」她回道：「瘦的時候，朋友都說我很可愛，所以我希望自己是那個最瘦的人。」

想瘦下來不是為了讓自己開心，也不是為了受異性歡迎，而是為了吸引女性朋友的注意。

為了生存、為了更好地繁衍後代，不斷努力提升自己在女性團體中的評價，大腦可真是拚命呢……讓人不禁覺得有點心酸。

可是，雖然這是女性的本能，但假如過度在意其他女性的目光，反而沒辦法讓心儀的異性喜歡上自己，是不是有點本末倒置呢？這樣別說養育出更好的下一代了，連生育都做不到。

過去電視臺播放過一部美國影集《草原小屋》（*Little House on the Prairie*），裡頭有段對話讓我難忘。

滿臉雀斑、身材瘦小的主角蘿拉，非常羨慕美麗的姊姊，便將麵粉塗在自己臉上，塞東西到衣服裡假裝是胸部，把自己裝扮成姊姊的樣子。媽媽看到那樣的蘿拉便說：「你把自己裝扮成別人，就愛你這個樣子的人要怎麼找到你呢？」

嚮往美麗的朋友（纖瘦的朋友、能幹的朋友），想變成她們那樣很正常，但是要適可而止。

不同的類型，有不同的魅力

順帶一提，骨頭活動的方式不同，呈現出來的「美麗」種類也不同。理解這一點很有幫助。

我們的手和腳，是由手肘（膝蓋）到指尖的兩根骨頭來控制的。

一根是連接到食指、正中間的筆直骨頭（在腳是脛骨，在手臂是橈骨）；

另一根則是連接到無名指、靠近身體側、稍微彎曲的骨頭（在腳是腓骨，在手臂是尺骨）。

改變腳掌或手掌的角度時，會轉動這兩根骨頭，這個時候，優先轉動的骨頭因人而異。有的人優先使用食指對應的骨頭，有的人優先使用無名指對應的骨頭。

此外，在使用手指時，有些人會將手指貼近中指，有些人則會貼近小指或大拇指。

換句話說，人類可以分為四種類型：①食指貼近中指的人，②無名指貼近中指的人，③食指貼近大拇指的人，④無名指貼近小指的人。

比方說，驚訝的時候，①類型的人會猛然抬起上半身（如果是站著會稍微跳起來），②的人會聳起肩膀，③的人會像拳擊手一樣擺出防禦姿勢，④的人則會往後仰。你是屬於哪種類型呢？

丟掉無謂的憧憬

①的人因爲主要使用正中間的筆直骨頭，所以膝蓋以下的小腿線條筆直，給人一種可愛的印象，非常適合圓頭的平底鞋。

另一方面，因爲第二趾貼近第三趾（編按：對照手就是食指貼近中指），趾尖會過於集中，容易往前滑，這樣的人穿不習慣高跟鞋，也不太適合；要是穿魚口高跟鞋，趾尖恐怕還會碰到地面。

④的人因爲更往外地使用腳掌外側的彎曲骨頭，膝蓋以下的小腿呈現出優美的曲線，給人一種性感的印象，非常適合穿高跟鞋。

她們會盡力將小趾往外展開，趾尖的肉會膨得飽滿圓潤，即使是尖尖的杏仁形鞋頭，趾尖也不會遭到擠壓。因此，她們穿上高跟鞋昂首闊步，一點也不會覺得痛苦。

然而這類型的人若穿上圓頭平底鞋，會顯得非常不搭，甚至有點好笑，因爲圓潤的趾尖彷彿要把鞋頭撐破般凸出去，看起來鼓鼓的。

順帶一提，②和③的人偏中庸，可以依據不同的鞋款設計來調整穿法。

我屬於④類型的人。

驚訝的時候會往後仰，所以坐在居酒屋靠牆邊的位子時，常常會撞到牆壁。雖然有點羨慕會從椅子上跳起來、讓人覺得可愛那類型的人，但我恐怕一輩子也學不來。

我的小腿不是筆直的，非常不適合平底鞋，穿起來會非常滑稽，卻能夠駕馭性感的高跟鞋。

這樣的我如果羨慕小腿線條筆直的朋友，再怎麼努力按摩、整骨矯正，一輩子也直不了。這種無謂的「憧憬」不要留著，只能丟掉。

了解自己美在哪裡

①類型的人，肩膀形狀眞的很美，彷彿衣架般的線條優雅地往外展開，露出肩膀也非常有氣質；必須有肩膀才撐得起來的公主裙洋裝，穿起來也非常合適。

②類型的人，特徵是動作敏捷。肩膀尖，手臂結實、線條漂亮，很適合無袖上衣。

③類型的人，動作幹練瀟灑，給人明亮的印象，穿起寬襬洋裝特別帥氣好看。

④類型的人，斜肩、身材豐腴爲其特徵。說魚尾裙襬的衣服是爲了這類型的人而設計的，一點也不爲過。身體動起來左右搖擺，看起來非常有女人味。

沒人能同時擁有線條俐落的肩膀，和充滿女人味的動作舉止。

反過來說，女人一定有屬於自己的魅力。不要羨慕自己沒有的，多把注意力放在自己擁有的魅力上。

戀愛是種考量基因契合度的化學反應

話是這樣說，但「那個人」絕對很受異性歡迎，嫉妒對方是很正常的……如果你這樣想，我們就從腦科學的角度，來思考一下什麼是「戀愛」。

從腦科學的角度來看，戀愛是非常合理的化學反應。我們會從異性的外表、氣味、聲音、觸摸起來的感覺，讀取對方的生理遺傳資訊，然後，對與自己的基因和生殖特徵相匹配的對象動情。

基因遺傳特徵千百萬種，每個人挑選戀愛對象的「喜好」也因此千差萬別。

仔細想想，對朋友的男友動情的機率其實眞的非常低，這個道理大家應該都知道吧？但爲什麼還是想要變得跟「那個人」一樣呢？兩人鎖定的目標對象明明完全不同啊。

假如是透過基因契合度來選擇，就不會以「只要長得好看誰都可以」或「只要長得帥又有錢，誰都可以」的標準來挑選伴侶。戀愛不是只看外表就可以的。

美女其實活得很辛苦

不過，前凸後翹、身材窈窕的美女，還眞是非常受歡迎。

動物的大腦被設定成，會將健康且免疫力高的個體的身體特徵視爲「美」，這是因爲如果基因組相似，與免疫力高的個體配對，好處比較多。也就是說，美女基本上相對健康且免疫力高（至少在成長期是如此）。

再者，女性凹凸有致的身體，代表女性荷爾蒙雌激素分泌平衡。換句話說，前凸後翹的身材是在釋放訊息給異性，讓他們知道我具有生殖優勢。

因此，前凸後翹的美女毫無疑問很受異性歡迎。只是，受歡迎就能得到幸福嗎？事情沒那麼簡單。

前凸後翹的美女除了「因基因和大腦特性契合」而結下的緣分，也會吸引到無關的異性，因此很難判斷誰才是眞正適合的對象。因爲美女長得好看而被吸引，擅自把理想強加到對方身上，然後又擅自幻滅。雖然大家都很羨慕美女，但美女得到的好處，其實沒有我們以爲的那麼多。

追求「完美」很危險

我們喜歡美麗的東西，對完美充滿憧憬。然而，大腦卻難以對美麗且完美的人湧現好感。

因爲，大腦比較容易對因我們的行爲而有所變化的對象產生憐愛感。漂亮、聰明，情緒穩定，工作能力佳，煮出來的菜跟外面賣的一樣，喜歡打掃，假日會自己開車出去玩，而且心態總是積極正面——假如有這樣的女性，你感覺如何？男性可能會覺得嚮往、憧憬，但恐怕很難有「惹人憐愛、無法放手」的感覺，因爲無論有沒有他在身邊，這樣的女性永遠都很完美，他無法確認自己的存在價値。

人類大腦的運作，建構在相互作用之上。透過自身的存在、行動和環境（包含人）的變化，大腦認知外在世界，確認自己的存在。

假如摸水不起波紋，拍桌子手無感、一點聲音也沒有，或是沒有任何人對自己的存在起反應，便無法感受到自己存在這個世界上。「沒有他也過得很充實」，完美的女人容易降低另一半的存在價値。

完美女人的男朋友，被裝可憐的女人搶走，從腦科學的角度來看一點也不奇怪。「跟〇〇先生你聊完後，心情輕鬆了不少呢！」雙眼閃著淚光，微微一笑，男人覺得自己的存在價值瞬間被放到最大。

女人也一樣。你會對一點煩惱也沒有，傑出、完美，長得又帥，完全不覺得寂寞的男性產生憐愛之情嗎？

因此，從受異性歡迎的角度來看，最好不要成爲什麼完美女人。不必太羨慕長得漂亮或聰明的人。

處方箋

◆要記得，表情開朗的美女能為你帶來好處。
◆要小心，表情陰沉的美女不當朋友也罷。
◆要記得，嫉妒是女性腦健康運作的證明。
◆要知道，女人認為的美，未必受異性歡迎。
◆要知道，美女也有她辛苦的地方。

其二

看比自己差的人不順眼

女人除了看比自己優秀的人不順眼，也會對比自己差的人感到不爽，尤其是那些比別人差、卻一點也不在意的人。

爲什麼會那樣想呢？

因爲，你覺得對方貶低了你的價值觀。

把媽媽友的「意見」當耳邊風的方法

大部分的媽媽友都認爲自己在做的事是正確的，到處建議別人「你應該也要那樣做」。例如：「零歲的英語教育，你要不要也開始試試看呢？語言教育越早開始越好喔。」

假如對方回應「很不錯耶」，卻完全沒有要做的意思，女人會很不爽，覺得自己花了大把銀子在零歲幼兒的英語教育上，對方卻認爲一點也不重要。

跟這種「勸說」打太極拳的正確方式就是，馬上笑著回應，接受對方的好意：「你說的很值得參考耶，謝謝你提供資訊。」

「你說的很值得參考耶」這句話，巧妙地表達了自己與對方是「平等的立場」，不讓對方覺得有可以干涉你決定的可乘之機。然而，因爲你的語氣中帶有感激之情，「好心建議」的媽媽友通常不會因此感到不悅。

假如只是輕描淡寫地回應「很不錯耶」，對方可能會認為你是「毫不在意孩子英語教育」的人，而看不起你。當這種「比自己差的對象」在那之後沒有任何行動，她會覺得自己的意見不被當一回事，因此感到不爽。

讓人覺得不爽的三重奏

「很不錯耶」這句話有多讓人不爽，請站在對方的立場思考看看。

你為了維持身材，嚴格管理自己的飲食，每天都在健身、做重訓，身邊的朋友卻一邊說著「你身材真棒，好羨慕喔」，一邊嘴巴不停地吃著零食。

一臉佩服地說「你有拿到那個執照呀，好厲害喔」，卻一點行動也沒有的朋友。

「能自己賺錢養活自己，好帥氣喔」，嘴巴那樣說，卻還是拿著父母、丈夫、男友的錢安逸度日的朋友。

給那樣的朋友建議，一點意義也沒有。

看那樣的朋友不順眼，是因爲厭惡「比別人差，卻不求上進」這件事。勤勉不懈的人，是不允許怠惰的。

不過，維持身材、考取證照、經濟獨立，眞的有那麼重要嗎？那些是你人生的原則，不是她們的。

而且，她們只是禮貌性地回應你（某種程度上可以說是諂媚），並不是眞心羡慕你。其實你也很清楚，所以才覺得不爽。

她們的怠惰、諂媚、並非眞心羡慕——這三重奏爲你帶來致命的打擊。

勤勉的人容易落入的陷阱

我認爲，對那種友人感到不滿的你，是非常好的朋友，因爲你眞心希望她們也能努力向上。

但是，看不起那樣的朋友，想讓她們努力提升自己，根本就是錯的。你跟她們的關係是對等的。她們只是對你努力之後的成果獻上祝福而已，完全沒有在煩惱「我也想變得跟你一樣，但做不到」。

自己拚命努力，拚命到誤以爲別人也想跟自己一樣，這是勤勉的人容易落入的陷阱。

就算別人對我說「很不錯耶」「眞羨慕」，我往往只是回應：「有嗎？」朋友大多擁有我沒有的東西，雖然我有一定的名聲，但相對地總是被時間追著跑，日子也沒那麼好過。活了一定歲數之後就會知道，人生凡事都必須付出代價。

假如別人問我，我會給建議，但她們要不要採用那個建議，是她們的自由，我完全不會因此感到不愉快。

當你看朋友的怠惰不順眼時，可以試著換個角度思考看看。

因爲有這些「做不到的人」，才顯得「做得到的我」有價值。這個世界需要這類型的人存在。這樣想，才不會把自己逼死。

比自己差的人過得比自己好，讓人覺得世界觀崩解

「看比自己差的人不順眼」，還有另一種模式。

當比自己差的人在社會上比自己獲得更多認可、取得成功，或是擁有幸福的婚姻時，人就會不爽。

會感到不爽，是因爲覺得這個社會對自己太不公平了。

相信在這個社會中，有才能、肯努力的人一定能成功，因此日夜勤奮，從不懈怠，結果卻有人輕易地超越了自己。若眞如此，這個社會可能不是自己所想的那樣——雖然有點誇張，但這會讓一個人的價値觀崩解，心靈再也無法平靜。

——覺得自己一直以來不斷努力、點滴累積，恐怕都是白費工夫，而感到不安。

——對方呈現出來的特質是自己並未擁有的，有自己不知道的一面，因爲不清楚大家是不是很讚賞那樣的特質，而感到不安。

——覺得這個社會是不是有自己沒察覺到、自己不知道的評價標準，而感到不安。

這可能會讓人覺得措手不及，但這些不安，其實是沒有必要的。這個世界的價值觀，比你想像的多得多。那些多元的價值觀，你無法、也沒必要全部都知道。

在你不知道的價值觀裡，對方在你之上，但你所擁有的價值觀，以及至今的努力，不會因此化爲烏有。價值觀的數量並沒有上限，無論是哪一種，都有其意義。

蠢女人不知道會做出什麼事，讓人不安

女人到底爲什麼會看比自己差的人這麼不順眼呢？從「想成爲第一的本能」這個立場來說，應該再歡迎也不過啊。

理由其實很簡單，因爲蠢女人會威脅到群體。

女性腦是以群體爲單位來養育後代。在群體當中，假如有馬虎、做事不經大腦、能力差到會威脅到嬰兒性命的人，她就是一個危險因子。

因此，女性偏好團體成員間「能力一致」，會排除遠低於平均能力的危險因子。而這樣的意識走到極端，就會從認爲別人「減肥意識低落」「不夠重視英語能力」等地方顯現出來。

從旁觀者的角度來看，那些事根本威脅不到性命，但對重視減肥和健康的人來說，減肥意識低的人看起來就是「蠢女人」。蠢女人不知道會做出什麼事，因此會刻意疏遠對方。

如此拉高視角俯瞰，是不是覺得那樣很可笑？

不過，「蠢女人不知道會做出什麼蠢事」的直覺也有其道理。養育後代，必須隨時預測可能發生的意外，面對突發狀況無法瞬間做出判斷的人，也就是所謂愚蠢的人，必須從團體中排除。因此，我無法一概責難那些以成見來評價並疏遠他人的女性團體。

自然聚集而成的「好感情小圈圈」，以眾人（或領袖）的共識爲標準來評斷優劣，排除「拙劣者」，恐怕是難以避免的事。因爲，自以爲優越的意識，是保護群體安全的策略。而遭到疏遠的人，也可以再組成新的小圈圈。

然而，在一整年都無法脫離的班級或學校家長會，或是工作團隊當中，有這種排除異己的意識，當然不太公平。

假如團體有必須達成的共同任務，就不應該用單一評價標準來威嚇對方。

任務性團體需要的是「盡可能截長補短，彼此幫助」的意識，這是男性腦最擅長、在狩獵現場培養出來的意識。

好感情小圈圈（群體）與任務性團體（團隊），都必須改變思維才行。

兩種思考模式：尋求事情原委vs.解決當前問題

有時也會有這種狀況：雙方大腦就彼此的對話內容都做出了正確判斷，卻都認爲對方看起來很愚蠢。

其實人類的「瞬間思考」，以「對話方式」爲基礎，可以分爲兩種。一旦對話方式出現分歧，就會忍不住看對方不順眼。

讓我說明一下我們大腦內建的兩種思考模式。

當問題產生，必須想辦法解決時，大腦會立即啓動反應回路，而這樣的回路有兩種。

一種是反覆思考「事情的原委」，想辦法要找出問題的根本原因；另一種則是把注意力集中在「現在可以做的事」，盡可能提早採取行動。

每個人都擁有這兩種思考回路，雖然我們的確可以有意地分開使用這兩種，但遇到必須立即反應的緊急狀況，大腦就會二擇一地啓動回路。

比方說，遇到「家裡年幼的孩子身體不適，沒吃早餐」這種情況。

「尋求事情原委派」會以「話說回來」爲關鍵字，從記憶中尋找問題的根本原因：「話說回來，昨天洗完澡，給他喝蘋果汁的時候，好像喝不太下去。話說回來，前天好像聽說幼兒園最近在流行手足口病，是不是中鏢了啊？嘴巴打開給媽媽看一下。啊啊果然。」

而「解決當前問題派」，則是迅速掌握眼前的客觀事實，想辦法盡快採取行動：「有發燒嗎？（量量體溫）」「現在這個時間，家裡附近的小兒科診所還在看診嗎？（調查看看）」

無論是育兒，還是工作，這兩種思考回路在守護重要事物、解決問題上，都是不可或缺的直覺。假如要分小組，應該要跟那些**與自己的瞬間思考回路不同類型的人**組隊，這樣才能互補、互罩，成爲鐵壁銅牆的組合。

鐵壁銅牆的搭檔，常常互看不順眼

然而現實狀況是，這樣的組合常常互看不順眼。

因爲當尋求事情原委派情緒高漲，在那邊「話說回來，那個時候……」地陳述回憶時，另一方無法忍受，聽不下去。解決當前問題派的人太過重視客觀事實，先入爲主地認爲尋求事情原委派很愚蠢，「都在講自己的事，掌握不了整體狀況，話又臭又長沒重點」。

但是，掌握問題的根本原因明明是確保因應對策的正確性，也是改善組織最根本的要素。

話說回來，東京奧運組織委員會的前會長，好像就是因爲以下的發言，而不得不辭去會長職位：「女人講話落落長，總是爭先恐後地表達自己的意見，講了一堆卻沒有重點。」

他說的話本身恐怕是事實。你身邊有些女性講起話來，可能就是那樣。不過，對方可能是想利用那種表達方式，透過跟你的對話，從中找出一些問題點和想法。

東奧組委會前會長錯就錯在，應該尊重那種說話方式，卻選擇揶揄嘲弄。而且，他還以部分女性的言行舉止爲藉口，攻擊了所有女性。

然而，那個會長感受到的不耐煩，可能會發生在所有使用「解決當前問題」回路的人身上。

明明很想馬上處理「眼前發生的事」，對方卻不斷表達自己的心情和記憶，講個沒完，當然會感到不耐煩。

另一方面，對尋求事情原委派來說，我在講重要的事，對方卻不由分說地突然下結論，讓人很不爽。

雙方都認爲自己的大腦選擇了能以最快速度得到最好答案的思考回路，然後覺得對方看起來很蠢，互看不順眼。

讓你不爽的人，最能發揮你不知道的力量

除了思考模式，大腦裡面還有好幾種「瞬間二擇一」的模式，模式選擇不同的人，很容易看彼此不順眼。看待事物、感受事物的方式不一樣，瞬間反應出來的言行舉止當然也不同，我們卻很容易因此懷疑對方眞正的意圖和能力，即使對方可能是最適合自己的好搭檔。

因此，可以試著這樣思考一下：**當你看某人的言行舉止不順眼時，那個人可能發揮了你自己沒有的能力**。

我會把看不順眼的對象，當作是搭檔來依靠，因爲對方能看見自己看不到的事物（我最可靠的夥伴就是老公）。因爲無法清楚掌握「自己看不到的事物」，所以只能信賴對方，把剩下的全部交給對方處理。雖然需要有相當的經驗和度量才有辦法做到，但要是做不到，公司和家庭恐怕無法順利運作。

對尋求事情原委派感到煩躁時的因應方法

眼前的人滔滔不絕地說明事情經過和心情，實在讓人很煩躁……碰到這種狀況，我來告訴你如何因應吧。

例如，客戶來聯絡說「契約內容有不足的地方」，明明必須馬上應對，女性部屬卻講個不停：「是說，三個月前客戶的A部長說了那樣的話，然後我們公司的B課長參與了合約簽訂的過程，說了這樣的話。事情在那之後就變得一團亂，我也跟著混亂，搞不清楚狀況……」

首先第一件事，是站在下屬的立場，同理對方的情緒。這次客訴問題的直接原因是「合約有不周全的地方」，但假如不跟上司報告問題發生的經過，例如「客戶的A部長和公司的B課長兩個人訴諸情感，互不相讓，以致事情變得一團亂」，上司跟A部長通電話時，恐怕無法妥善因應、處理。

因此遇到這種情況，假如是我，會這樣回應、引導出結論：「事情的來龍去脈很重要呢，等等我再仔細聽你說明。可以先請你講一下合約的問題出在哪裡嗎？」

我絕對不會像男性那樣，動不動就以「我不想聽藉口」「你可以直接說結論嗎」這樣的話斥責別人。

因爲我們都是女人啊。同理對方的情緒，對我們女人來說根本小菜一碟，不是嗎？

面對尋求事情原委派，要有同理心

假如時間有餘裕（並非面臨對性命有威脅的狀況），請試著同理對方，因為只要展現同理心，基本上尋求事情原委派很快就會把話講完。同理對方，讓人感到安心，能加快腦中記憶重現的速度。

只不過，有時尋求原委派會太過熱中於說明事情經過，說來說去還是沒有結論，你的同理心反而變成對方說個不停的正當理由。這時可以問問：「發生了什麼事？」展現一下對對方的擔心，或是充滿好奇心地詢問：「那你做了什麼嗎？」

「我太擔心你、對你太好奇了，周遭其他事根本聽不進去」——關鍵就在於表現出這樣的態度。

應對解決當前問題派的方法

解決當前問題派的女性，給人的感覺就像這樣——人家還在講話，就突然丟了個不必要的建議過來，「你啊，這樣做不就好了」，或是「應該就是這樣吧」「那樣不行啦」，話說到一半就擅自幫別人做出結論。

太急著找出結論，無法把尋求事情原委派的話聽到最後，才會面不改色地打斷別人的話。

講話被打斷，恐怕會讓人很生氣，但這也是源自大腦思考回路的特性。其實她們並不是看不起別人，而是一心一意想要幫助「眼前這個胡言亂語的人」。

遇到這樣的人，**從結論（或談話主題）講起**就對了。

假如是工作上的關係，可以這樣說：「關於〇〇一事，我想跟您報告一下。」「關於改善〇〇事宜，我有個提案。」「我想跟您討論一下企畫書修改的地方。」

假如不是工作關係，而是私事，直接講明即可，例如：「我有話想說。」「你聽我說。」當對方了解「這場談話的目的在於傾聽」，彼此便能取得共識，往達成目的的方向邁進。

上司的思考回路大多屬於解決當前問題派，因此在職場上，絕對不可以像這樣說明事情經過：「不久前A先生這樣說，我不知道該怎麼辦，便跟B先生商量，結果他跟我說……」

從事情的背景開始，東一句西一句地說明，容易給人頭腦不靈光、做事不俐落的感覺，沒什麼好處。而且對方還會不斷丟出沒有意義的建議，被攻擊得體無完膚。

先從做得到的地方說起

面對解決當前問題派的人，要從結論講起。遇到不合理的要求，也可以利用這個方法來回應。

工作上遇到無理的要求時，尋求事情原委派容易從「做不到的事」開始思考；但面對解決當前問題派，我建議從「做得到的事」開始講起。

比方說，遇到「請你在下週二之前把這些工作做完」這種無理要求時，假如這樣回答：「下週二大概可以完成八成，我週二會再回報進度。全部完成大概還要再兩天左右。」上司一定對你刮目相看。

「什麼？沒辦法耶。我還有其他工作要做，怎麼可能在下週二之前做完？」跟這種回應相比，前者應該帥氣很多吧？

以能用YES／NO回答的方式來提問

尋求事情原委派容易把注意力集中在「過程」，感到迷惑時，會提出這樣的問題：「我該怎麼做才好？」

解決當前問題派則是把注意力集中在「結果」，大多會這樣提問：「針對這個問題，我可以這樣做嗎？」

上司通常會期望下屬做出跟自己相同類型的提問，畢竟詢問「我可以這樣做嗎」，上司能馬上回答YES／NO，可以立即對應「當前」的問題，對解決當前問題派來說實在太合適了。

請記住，在工作現場要用「我可以這樣做嗎」的方式來提問。

解決煩躁感的說話技巧

尋求事情原委派和解決當前問題派之間對話所產生的壓力，並不是源自彼此想法的差異。

尋求事情原委派覺得對方是「不分青紅皀白就斷定結論的爛人」，解決當前問題派則認爲對方是「沒能力的廢物」，這些都是誤解。

對話方式的歧異引發的煩躁感，總有辦法透過說話技巧來解決。

對話的奧義就在於，盡可能做到「**別人的話以同理心傾聽，自己的話從結論講起**」。帶著同理心傾聽，別人會覺得「那個人懂我，好冷靜從容，眞是成熟」；而從結論講起，別人聽起來會認爲「那個人思緒好清楚，眞是聰明耶」。

只要掌握對話的奧義，就不會讓別人覺得被看不起而心生不滿，也不會因爲看不起對方而感到煩躁。希望各位都能精通這項溝通技巧。

過度的同理心，容易讓人不悅

最後一個建議，要獻給容易感到不安的女性。

女性的群體是由同理心凝聚而成，只要能同理別人，就能確保自己的安全。因此，一旦感到不安，女人就容易同理心氾濫。

明明不是什麼大不了的對話內容，卻不斷重複著「我懂我懂」，或是「好厲害」個不停。明明沒怎樣，卻一直問：「沒事吧？」

這些行爲看起來都很諂媚，彷彿在昭告天下自己是個「蠢女人」。如此一來，就像前面提到的，這個行爲可能會引發女性群體「排除蠢女人」的本能，因而提高被周遭女性從群體中排除的可能性。

同理心很重要，但不要失控氾濫。身爲女人，必須有這樣的直覺和意識。

處方箋

- 用自己的標準去看事情，可能會不由自主地看不起別人。
- 感情好的小團體，可能會排除掉跟不上群體步調的人。
- 越是讓人不爽的對象，越是自己最好的搭檔。
- 別人的話以同理心傾聽，自己的話從結論講起。
- 避免同理心氾濫。

其三

看自以為高人一等的人不順眼

在上一個單元「其二」中，談到了因應「看比自己差的人不順眼」這種心態的方法。其實，「覺得別人比自己差」和「優越感」是一體兩面，因爲看不起別人，其實就是覺得自己優於他人。

在其二開頭的地方我也談過，優越感的產生，未必是以威嚇別人爲目的。大部分的人都只是認爲自己相信的東西是正確的，因此勸說「覺得比自己差的對象」而已。

然而，一旦對方未實行自己給的建議，就會突然覺得很生氣。自己認爲重要的價値觀遭到輕蔑，爲了證明「我比你優秀」，便認眞起來威嚇對方。

這要是成了家常便飯，那可不得了。

你可能覺得對方很煩，但別人可能更不爽你。好，這時候該怎麼辦呢？

展現優越性的四種類型

「mounting」這個詞，本來指的是動物爲了展現自己的優勢，踩在對方身上壓制的行爲，可以譯爲「展現優越性」。

在女人之間的關係中，這個詞也有擅自對別人評等排序，顯示自己優於他人的意思，例如「我比你幸福」「我比你富裕」「我比你聰明」「我比你有魅力」等等。

就女性的生殖本能來說，在群體中取得優勢，是提高生存機率的必要條件，因此展現優越性可以說是非常自然的行爲。

展現優越性有以下幾種類型。

・「你應該這樣做」的建議類型。

・諷刺類型。

・假裝謙虛，實則自誇的類型。

・不斷自我誇獎的類型。

女人相互較勁的原因

原始社會裡，在群體中取得優勢地位，是提升自己和孩子存活機率的重要關鍵，因此女性腦容易產生「必須展現自身優勢地位」的衝動。

此外，感情好的女性小團體，本來是爲了養育後代而形成的群體（女學生的小圈圈也是一樣），群體當中要是有蠢女人是非常危險的事，必須排除顯著的劣等者。

因爲這兩種本能，使得女人每天都過著看不起別人和被人看不起的日子。

在上一單元「其二」中，我們談到如何因應「看不起別人所產生的煩躁感」，這裡讓我來傳授各位「被人看不起」時的應對方法。

假裝給人建議，實則展現優勢

家有零歲兒的媽媽，「英語教育要從零歲開始」是她們眞誠的建議，然而，被建議的那一方可能會覺得對方在炫耀、展現優越性。而且，假如被建議的那一方沒照著做（還看不起對方），以致建議者在那之後眞的轉變成展現優勢、看人不起，可就麻煩了。

我在「其二」開頭的地方有提供遇到「多管閒事的建議」時的因應方法。

但在現實生活中，真的有那種假裝在給人建議，實際是在展現優勢、貶低別人的情況。例如對著五歲小孩的媽媽說：「我們家的不到一歲就去上雙語幼兒園，英語教育不從零歲開始就太慢了，小○還是趕快開始比較好喔。」

感謝對方的好心建議

遇到這種情況，把對方說的話當作「値得感謝的好心建議」來接受是最好的，笑著回應對方：「謝謝你，每次都給我這麼好的建議。」然後再補充一句，例如：「但我們家不急著學外語，光是打好母語基礎都來不及了。」

假如很想回嗆，可以像這樣回應：「腦科學專家黑川伊保子說，好好發展母語有助於理科能力的發展。就算未來有外語需求，請ＡＩ幫忙即時口譯就好了，哈哈哈。」但這話一說出去，等於向對方宣戰，可能會引來各種麻煩事，所以我不是很建議這樣做。你可以在心裡碎念，消解一下壓力。

藉由給他人建議來展現優越感的人，其實也搞不太清楚自己到底是純粹想提供建議，還是想藉此貶低他人、提升自己的地位。因此，把對方的話當成「好心建議」是最好的對應方式。如此一來，展現優越感這個行爲便不成立了。

不過，嘴上說感謝，卻沒有任何後續動作，還是容易惹對方不爽，所以最好再補充「不那麼做的理由」，例如「我們家光是做〇〇都來不及了」，像這樣以謙虛的態度回應是最好的。

以「不好意思，讓您擔心了」回應多管閒事的人

你明明在專心衝刺事業，卻建議「你要早點結婚啦」；結婚後，就開始問：「還沒打算生小孩嗎？」生完後，身體還很疲憊時，就來問：「什麼時候

生第二胎？」

雖然對方是好心建議，但眞的很煩，徹頭徹尾的多管閒事（苦笑）。

被那樣說的時候，可以裝出悲傷的表情回道：「不好意思，讓您擔心了。」這樣大多能堵住對方的嘴。

然而，面對「你們還不生小孩嗎」這個問題，回說「不好意思，讓您擔心了」，住在都市的朋友大多不會再說什麼，但鄉下的親戚會繼續往下挖：「是生不出來嗎？還是不想生？爲什麼呢？」反而越回應越麻煩。

關於這個窘境，我媳婦想到一個非常好的回應方式。

在鄉下舉辦單身派對時，被問到「還沒打算生小孩嗎」，她這樣回應——

「在城裡，大家都不急，慢慢來喔（微笑）。」

漂亮地把女人的壓制打了回去，幹得好，媳婦！這招也可以用在被逼問結婚問題時。面對住在鄉下的親友，只要回說「我男友是都會派」就好了（撒點謊也無妨）。

假裝聽不懂嘲諷就好

「昨天實在太忙了，買了便利商店的小菜回家吃，還滿好吃的耶。」聽到別人這樣說，有些人卻會如此回應來貶低別人、拉抬自己：「便利商店的小菜這麼方便呀？這樣處理掉一餐眞厲害。我實在無法忍受菜裝在塑膠盒裡，所以都是從熬高湯開始做起，每次都好花時間喔。」

聽到這種話，不要想成對方是在展現優越感，是最好的因應對策。

把對方的話當成是眞實的煩惱，溫柔地回應——

「沒有啦，你比較辛苦。你每天都要削柴魚熬高湯啊？太強了吧。」這樣回覆能讓對方成功拉抬自己，助對方愉快地立地成佛。假如對方得寸進尺，開始吹噓自己的料理手藝，你只要不斷同情對方，例如：「天啊！但這樣你是不是有點辛苦啊？」便能讓對方踩下煞車。

好，接下來讓我問個問題，給大家猜一猜。

我的朋友有一次開車去接她的朋友。她在約好的時間抵達對方公寓樓下，等了一陣子，對方遲遲不來。過了十分鐘後，打電話過去，對方說：「對不起！我睡到剛剛才醒。」然後急急忙忙地下樓。

聽說那時我朋友回道：「眞好，到了約好的時間，還有辦法繼續睡。」請問你覺得她是在嘲諷別人、拉抬自己嗎？

覺得當然是諷刺的人，很可惜，你答錯了。我朋友完全沒有那個意思。她個性非常謹愼，是那種會在約好的十分鐘前做好出門準備，五分鐘前搭電梯下樓的人。因爲常常把自己逼得太緊，所以她是眞心認爲對方「能過得那麼自在優閒眞好」。非常了解她的人，沒有人認爲她是在嘲諷別人。

我也常常因爲快遲到而手忙腳亂，她每次都跟我說：「不好意思，這是我的壞習慣，每次都太早到。你別在意啊。」因此，我相信她那樣說眞的沒有任何一絲諷刺。

在現實生活中，你覺得別人在諷刺你，但對方其實沒想太多的情況出乎意料地多。

而且，就算對方是在諷刺你，只要你微笑著欣然接受，對方說的話就變成不是諷刺，展現優越感這個行爲便不成立了。

假裝謙虛，實則自誇的人

體重超過七十公斤的朋友在講減肥的事，有人卻插嘴道：「我上週也破紀錄，超過五十公斤了呢。」看似謙虛自嘲並附和話題，其實是在自誇、炫耀。雖然這類發言很多都沒有惡意，但被說的那一方恐怕會很不爽。

假如對方那樣講是想展現優越感，假裝沒聽懂，拉對方成爲夥伴，最能打擊對方。例如：「眞的嗎!?不可以大意啦。體重一旦到了臨界點，一定要想辦法甩掉。」像這樣以前輩之姿提供建議，對方一定會在心裡哭喊：「不要拿我跟你比啦！」

單純自誇的類型最好應付

當對方很單純地在自誇、炫耀，給予祝福就對了。那種自誇炫耀的樣子其實很可愛，不是嗎？

「我女兒考上醫學系了。」「哇啊，你女兒眞是努力。」

「我男友在豪華客輪上向我求婚了，讓我好驚喜。」「哇啊，恭喜耶。」

單純的自誇炫耀，接收訊息的那一方要是覺得遭到貶低，就眞的讓對方展現優越感了。

笑著祝福對方，自己看起來也會顯得綽有餘裕。而且那樣說，能給人一種

「雖然我沒說，但我有比你厲害的地方喔」的感覺，不讓對方獨贏。

乾脆直接打出「我就爛」牌，堵住對方的嘴

話雖如此，當對方問道：「那你呢？」就會覺得不得不回些什麼，對吧？

假如手上有「王牌」（例如「我女兒在牛津大學留學，正在準備外交官考試」「我女兒是模特兒，現在正在巴黎時裝週走秀」），應該可以狠狠把對方嗆回去。但假如沒有王牌，乾脆拿出家中最差的「我最爛」牌，也是一種好方法。例如：「我們家？我家老么重考兩次，好不容易考上了卻輟學，現在是打工仔。眞是受不了，哈哈哈。」

對方大談義大利之旅時，你一臉惆悵地回道：「好好喔，我跨越淡水河大概是三年前了吧。」對方聽到之後應該也說不下去了。想堵住對方的嘴，「我就爛」這張牌可以說非常有效。

順帶一提，我家媳婦似乎總是出「鬼牌」。遇到婆婆媽媽多管閒事提供育兒建議時，她都回道：「我婆婆說，腦科學上這樣做就可以了。啊，我婆婆是腦科學家，叫黑川伊保子。」用這招把多管閒事的人趕走（苦笑）。

優越感的沼泥，就在你心裡

即使如此，為何朋友或熟人「値得開心的事」，總是讓人煩躁不安呢？朋友的小孩考上醫學系，不是很値得開心嗎？認識的人當中又多了一個優秀的醫生，不是很可靠嗎？

去義大利旅遊，吃了正港的西西里島料理、拿波里甜點，甚至還有義大利男人來搭訕，不是很有趣嗎？

這樣想想，你應該就會發現，別人自誇炫耀讓你覺得不舒服，並不是對方的問題，而是自己的問題。「那是我很想得到手的東西，卻未能獲得（或是被對方超車）。」是不是這樣的想法讓你備受折磨呢？

就算是諷刺、多管閒事，明明不必想太多，單純地感謝對方就可以了，爲什麼內心如此抗拒呢？越是認眞、有上進心，隨時隨地都努力描繪著「理想的自己」的人，越容易落入這個泥沼中。

其實，優越感的展現，必須另一方覺得自己「遭到貶低、壓制」才得以成立。

非常多的情況是，一方覺得很不爽，另一方卻完全沒有任何貶低別人、拉抬自己的意思。就算對方眞的在貶低你、拉抬自己，只要你不接招，展現優越感這件事便不成立，對方那樣做只會撲空，讓自己尷尬不已。

換句話說，優越感的泥沼，其實就在自己心中。

反射性地拿自己跟別人比較，明確區分出誰勝誰敗，這是人類的生存本能。雖然對生存來說，這是重要的本能，但在人際關係上，必須視情況制止這種本能展現，停止內耗，這可以說是大人應該要有的教養。

處方箋

◆遇到藉由提供建議展現優越感的人，就以「感謝」與「謙虛」回敬對方。

◆遇到多管閒事的建議，就回應對方：「不好意思，讓您擔心了。」

◆面對諷刺類型的優越感展現方式，裝作沒聽到是上策。

◆假如沒有勝算，乾脆直接打「我就爛」牌，堵住對方的嘴。

◆要了解到，優越感的泥沼，其實就在自己心中。

其四

看不懂感謝的人不順眼

隨著年紀增加，「瞬間感知到的事物」也跟著增加。瞬間感知到的事物越多，越容易吃虧、受傷害，這是世間的常理。

上了年紀後，直覺越來越靈

認知的速度，五十多歲時比二十多歲快得多。我過了五十歲之後，不太把東西弄掉了。比方說，塑膠保鮮盒快從廚房上方的櫃子滑下來，從聲音和跡象，我馬上就可以知道東西「會從哪邊、如何掉下來」，連看都不用看，立刻就可以把東西接住。料理筷從流理臺往下滑落時，我竟然可以用膝蓋接住……我把這件事情告訴朋友，大家雙眼亮晶晶，異口同聲地說：「我也是！」

學習新事物的速度雖然變慢了，對過往經驗過的事物的認知速度卻非常快。單位時間內能夠察覺到的事物也多得不得了——這就是五十歲之後的大腦特徵。

洗好澡的家庭主婦「看見」的東西

綜合前面所說的，有二十多年家庭主婦經驗的人，能「看見」許多事情。

洗好澡後，會用毛巾把水龍頭和鏡子擦乾淨，清掉卡在排水孔的頭髮，必要時還會補充一下洗髮精或肥皂。

因爲她們能「看見」假如把浴室水龍頭上的水滴放著不管，一天過後就會乾掉，變成魚鱗般的白色髒汙。因爲她們能「看見」如果洗髮精用完沒有補充，下一個使用者（家人或自己）會很困擾。

就在老鳥主婦辛勤地忙進忙出時，剛洗好澡的二十多歲女兒，很認眞地敷臉、幫自己按摩、吹頭髮，卻完全沒有打算把洗完頭之後卡在排水孔的頭髮撿起來丟掉。丟在洗衣籃的衣服也沒有翻到正面，而且還沒丟好，露了一半出來。

雖然沒有要她幫忙做家事，但至少可以說聲「謝謝」吧——會這樣想也很理所當然不是嗎？

假如主婦能看見一百，家人只能看見二十

但是，女兒做不到。

為什麼呢？因為她**看不見**。假如她能看見水龍頭上的水滴會變成「明天的白色髒汙」，當然會察覺到都是媽媽在擦水滴，感恩的話語自然而然就會脫口而出。然而，很遺憾地，家人根本看不見什麼水滴。

資深主婦看得到的事物是其他家人的好幾倍。假如主婦看見的東西有一百，其他家人能看見的恐怕只有二十而已。

所以，主婦才常常覺得家人「不懂我」「不懂得感謝」，日子過得很不滿意（一九八〇年代把這類主婦稱為「不被感謝的一族」）。

職場資深老大姊誕生的祕辛

職場上也是同樣的道理。

資深員工能看見的東西，是菜鳥的好幾倍。有好多好多「是我的話會這樣做」的事情，因此對不那樣做的年輕同事感到不滿。假如別人心懷感激，或許還能忍忍，結果卻沒有人開口感謝，於是忍不住說道：「你爲什麼不這樣做？這不是一看就知道的嗎？」最後被冠上「職場資深老大姊」的稱號，被大家敬而遠之。

對不懂感謝的人不爽的原因就在於此。無關年齡，工作能力差的人同樣也是因爲能看見的東西少。

所以，能力越差的人，越不懂得感激；能力越好的人，越懂得感謝。如此讓人不滿的矛盾狀況，在現實生活中眞實上演。越有能力的上司，越感謝下屬的辛勞；越沒能力的上司，越是滿嘴抱怨。

人並不是「明明看得見，卻裝作看不見，不去感謝」，只是「因爲看不見，所以沒有機會感謝」而已。

一直對那種人說「我幫你做了這個」「我還幫你做了那個」，只會顯得像是施恩於人，對方也會覺得很煩，根本沒轍。只能自己認命地接受這個事實：

對方根本不懂感謝爲何物。

試著轉念：「這是我自己想做的。」

這個世界上沒有人跟你一模一樣，個體與個體之間截然不同。因此，以自己的標準去評價判斷事物，很容易受傷。

女性常常把「正常來說都是這樣做吧」或「正常不會那樣做吧」這些話掛在嘴上，深信自己認爲的「正常」，每個人也都那樣覺得。遺憾的是，世上不存在大家所謂的「正常」，沒有人能百分之百看見你看到的東西。

當你停下來思考「我到底在幹麼」時，請試著徹底放棄「希望別人喜歡我，所以我那樣做」的想法。

今後，無論是家事，還是自己職責以外的工作，都請抱著「因爲我喜歡，所以動手做」的心態去做。

「我想吃美味的料理，所以下廚動手做」「做了能讓自己心情好，所以動手打掃」「因爲我想那樣做，所以去關心別人」，在這樣的範圍內去做。至於不想做的事，就合理化，貫徹始終不去做就好。

過了五十歲，爲別人做自己不想做的事，是有限度的。「因爲自己想做，所以動手去做，假如剛好有人因此感到開心，就太好啦」，保持這樣的心態就可以了。

工作也一樣，關心照料其他人，做個大概就好。

就算你不去關照其他事情，這個世界總有辦法繼續運轉。留點難關給年輕人自己去闖一闖，他們才會成長。

還有，要盡可能找到自己喜歡得不得了的事物喔。

好好地向女性長輩表達感謝

本書的讀者中，是不是有人覺得：「媽媽最近心情不太好，難道是進入更年期了？」

一直以來扮演著「好太太」「好母親」的媽媽，總有一天會迎來「不知道自己做這麼多到底是爲了什麼」的時期。

每天做早餐、做晚餐、做便當，把家裡打掃得乾乾淨淨，洗衣服、燙衣服，二十年如一日。當家事成了理所當然的日常風景，家人當然不會一一感謝。

你可能覺得「我有好好感謝啊」，但你看見的、感謝的，只是一小部分，因爲媽媽看見的東西有一百，你只看見其中的二十而已。

爲了養兒育女，母親不惜一切代價。當育兒告一段落，孩子們離家獨立，停經之後，突然不知道自己爲家庭犧牲奉獻是爲了什麼。從早到晚，爲了家人做家事、上班工作，被各種瑣碎的雜事追著跑，不禁感慨萬千：「我到底是在幹麼？」因此對家人的不夠感謝，會覺得憤慨、悲傷。

這個年紀的女性往往脾氣暴躁，大部分都被歸因爲更年期症狀，但我認爲不僅是如此。

大腦因生殖期結束，生殖本能減弱，期望獲得周遭保護的需求降低，於是不曉得當「好人」的意義在哪裡，最後引發人生價值危機——這種狀況應該不少。

自己到了一定年紀之後，就會赫然發現，啊，原來媽媽幫我做了這些、那些。

假如不知道應該感謝什麼事，就感謝一切，說聲：「媽媽，眞的非常謝謝你。」

給因不被感謝而悲傷的女性

當你覺得大家都不感謝你，就代表在那群人當中，你比誰都優秀。因爲當其他人都只看到兩成或三成左右，你卻能看見八成或百分之百。

我常說：「出社會之後，當你覺得身邊的人都不夠感謝自己時，就表示你成爲獨當一面的大人了。」因爲你看得見的事物，比身邊其他人都多。

周遭的人對自己不夠感謝，是一件值得專業人士（包括專業家庭主婦）驕傲的事。

順帶一提，我一點也不想被家人感謝。

我媳婦把我當作育兒的夥伴，說一句「我好想睡啊，睏得不得了」，就把大哭的嬰兒丟給我，睡覺去了。也就是說，她百分之百相信我是一起養育小嬰兒的夥伴。

「媽媽，不好意思，你可以幫我照顧一下嗎？」「謝謝你幫我顧小孩。」

假如媳婦這樣跟我說，我可能會難過到掉淚，因爲那是對非育兒當事者、對外人說的話。

處方箋

- 上了年紀後，直覺變得敏銳。
- 察覺到的家事越多，吃的虧越多。
- 別人不感謝，是因為沒有察覺（並不是刻意忽略）。
- 過了五十歲，做自己想做的事是基本。遇到不想做的，就找個理由合理化吧。
- 當你覺得身邊的人不夠感謝你時，恭喜你，這表示你獨當一面了。

其五

看價值觀不同的人不順眼

女性以同理心凝聚在一起，形成群體。以「我懂我懂！」凝聚在一起的團體，最適合養兒育女。

這邊再重複一次：就算沒有實際生小孩的經驗（就算只是小學生），感情好的女生群體，是最適合生兒育女的團體，因為母性是與生俱來、最強烈的本能。

因此，沒有回應「我懂我懂！」的人，便無法與之產生連結。一旦沒有連結，對大腦來說就是不穩定的因子，容易對她感到煩躁。

女人閒聊可是爲了保命

女性腦有很強烈的說話欲望。

遇到倒楣的事情時，想說話聊天；感到苦悶時，想說話聊天；覺得疼痛時，想說話聊天；遇到失敗挫折時，想說話聊天；覺得高興時，當然也想說說話。

理由在於，說話聊天能提高生存機率。

比方說，有一天，剛學會扶站的小寶寶想去碰放在桌上的鍋子，你慌慌張張地跑過去把寶寶抱起來。隔天在公園遇到媽媽友，你應該很難忍住不說昨天發生的事。

其實，大腦具有一種特質，會把「發生危險的瞬間」跟著情緒一起回想起來，重新體驗那個記憶，好讓大腦謹記教訓，不再遭遇同樣的危險。

養育小孩不容許任何重大失敗，必須有「回避尚未發生的危機」的直覺。因此，女性腦會不斷回想驚險或讓人失望的時刻，讓大腦謹記教訓，不再重蹈覆轍。

「我剛才差點從車站的樓梯摔下去，嚇死我了。」「我原本想買新的口紅，但沒買。」女人常常會說些有講跟沒講一樣的話，讓男性很困惑（差點摔倒，但沒摔倒；想去買東西，但沒去買），但其實那些都具有很重要的意涵。

我們女性擔負了育兒的重責大任。就算丈夫的參與度再高，女人也沒辦法把育兒的「船舵」完全丟給別人。

育兒這項任務，攸關性命安全的重大失敗一次都不能發生，所以女性從小就不斷訓練，強化「小小的失敗與令人恐懼的回憶」，藉以提升危機回避能力。也因此，女人容易一點小事就大驚小怪，而且不斷翻舊帳，不斷重複講一樣的事。

男人對「女人翻舊帳」常常備感困擾（我道歉了這麼多次，卻一直被翻舊帳，都已經是多少年前的事了），但女人不那樣做，對未來養兒育女來說危險得不得了。

女人愛講話、愛翻舊帳，可是賭上性命的。

跟女人聊天，要回以「同理心」

「我剛才差點從樓梯摔下來，嚇死我了。」聽到女人這樣說，大部分男人都會這樣回應：「那你有受傷嗎？摔了幾階？」「（有點生氣）我沒有摔倒呀。」「那你現在說的是什麼？」假如對話如此展開，便會阻礙大腦記憶的重現，失去大驚小怪的意義。

這個時候，必須用力同理對方才行，例如：「哇，你一定嚇壞了吧？」「天啊，好可怕喔。那邊的樓梯很高，一定要扶著扶手走喔。」「你穿的鞋子鞋頭是尖的，容易踢到止滑條，要小心。」這樣回應，能幫助對方提升危機回避能力。

爲了提升危機回避能力，「說話的欲望」與「期待獲得同理的欲望」必須同時運作，因此大部分的女性腦，都會將對這兩種欲望的重視程度調到最高。

同理別人的那一方也獲益良多

在腦科學上，給予同理的那一方也能得到許多好處。

因爲同理就是「藉由情緒模擬體驗他人的記憶」，如此一來，自己不用親身經歷，也能學到新知。

聽其他媽媽友聊到「家裡的小小孩差點把鍋子打翻」，雖然不是自己的孩子差點遇到危險，但今後把滾燙的鍋子放到桌上時，都會無意識地確認是不是放在孩子碰不到的地方。只要以同理心回應，便能自然而然習得育兒的經驗和智慧。

所以，身處爲了潛在育兒目的而形成的「女性友好團體」，如果不好好以同理心回應別人，便失去身處團體中的意義。

同理心是女人之間的黏著劑

換句話說，同理心，是女人之間的黏著劑。

正因爲如此，我們容易看價值觀不同的人不順眼。

然而，在企業和軍隊等任務性團隊中，不同價值觀的成員之間倘若不切磋琢磨、互相激盪，便無法應對具有各種不同個性或需求的用戶（或敵人），團隊就會變弱。單一價值觀是非常危險的。

因此，針對別人的發言，馬上提出另一種價值觀提醒對方，是團隊必達的任務。「你也可以這樣做呀」「啊啊，你不可以那樣做啦」等等，針對他人的發言，瞬間找出問題點，提出意見、互相討論。

身處職場上的任務性團隊和感情好的育兒共同體，女性假如未能切換大腦開關，會過得很痛苦。在任務性團隊中，如果突然被人攻擊弱點，千萬不要咬牙切齒，只要回應「你說得對耶，我下次試試看」就行了。

成熟女人應該具備的職場態度

另一方面，在感情好的女性團體中，同理心是必備的。沒有同理心，其他成員就會「賭命」地想辦法把你剔除出去。習慣職場相處方式的人最好牢記這點，否則在孩子學校的家長會絕對會吃虧。

至於職場上的團隊，身處其中最好要知道，期待再多也不可能獲得同理。在職場上打滾的女性要了解，自己的大腦對「同理」的渴望比男性高，不要因爲「得不到同理」「覺得突然被洗臉」而沮喪，這是職場必備的態度。

能幹的商業人士，在家裡也常常「突然點出問題」，讓妻子備感沮喪。對照料年幼孩子一整天的妻子，不能一回到家就開口「訊問」：「你今天做了什麼？」「晚餐配菜就這些？」雖然我知道你單純是在確認現況而已，但沒讀過《老公使用說明書》的一般女性，恐怕怎麼也無法接受。

假如妻子悶悶不樂地說著「今天發生了這件事」，更不可以當頭棒喝地回道：「你喔，這樣做不就好了嗎？」那只是火上加油而已。

二十一世紀，女人之間的對話模式變得混亂

近十多年來，社會變化劇烈，有工作的女性壓倒性地成長，未婚女性也不斷增加，女人的人生越來越多元化。

因此，女人並不是跟每個女性友人都能夠點頭如搗蒜般、「我懂我懂」地應和彼此。

「我很不擅長跟其他女性朋友聊天，難以忍受朋友抱怨個不停」「對方只是想找個人吐苦水，我卻拚命提供建議，最後被對方討厭了」，這樣的聲音越來越普遍。

接受對方的情緒，冷靜陳述事實

對話時，「情緒」（心）和「事實」完全是兩回事。大部分日本人都習慣

把情緒和事實綁在一起，但放眼世界，兩者分開來才是最常見的。

比方說，英語的商務談話會像這樣。

「那很合邏輯，但我覺得有點太冷酷了。」

「很有創意的點子耶，但我覺得可行性有點低。」

「我很讚賞你的衝勁，但我有點擔心你耶。」

「我非常理解你的心情，但我有不一樣的看法，你願意聽聽看嗎？」

這種說話方式的訣竅，在於用「很不錯耶」或「我懂」來接受對方的情緒，然後以主詞「我」提出不同意見。一定要先接受別人的情緒，再好好討論事情的對錯。在多元民族融合的歐美社會，大多使用這種成熟的對話模式。

日本人幾乎是由單一民族組成，情緒和事實綁在一起，迎接了二十一世紀的到來。說「NO」的時候，大多是從頭到腳狠狠地否定對方——在女性的人生越來越多元的現代社會，最好戒掉這種說話方式。

以「相同的經驗」回應，同理對方

女性之間的對話，用「相同的經驗談」回應，效果最好，可以說是最棒的同理。其實，女人本來就很自然地運用著這種對話模式。

比方說，女生的聚會上，有人提到「我上個禮拜閃到腰」，大家就會開始此起彼落地以自己的經驗談附和：「啊啊，很痛吧？我之前閃到腰，人站在陽臺兩個小時動彈不得。」

有時也可以拿出現場沒人認識的人的經驗來回應：「哇啊，閃到腰很痛吧？雖然我沒閃過腰，但我住在京都的嬸嬸閃到腰時痛到哭了，她可是我認識的人當中最耐痛的呢。」

然而，某奧運組織委員會的前會長卻揶揄這種說話方式：「女人競爭意識強烈，我們也要多講一點自己的事情才行。」拜託，這可是女人「說到對方心坎裡的同理必殺技」呢。

以親身經驗，讓對方敞開心扉

比方說，被店長不由分說地念了一頓的女店員，因爲太傷心而向其他店員發洩不滿。

女性A：「我被店長念了一頓，覺得有點悶。」

女性B：「我懂，那件事其實不用說也知道啊。我也被店長那樣念過呢。」

女性A：「哇，那也太過分了。」

女性B：「可是啊，有些人你不說清楚他還眞的不明白。不是每個人都跟你一樣優秀，而且站在店長的立場，必須公平地對待大家。」

女性A：「也是，的確有各種不同的人。」

送上「相同經驗」的禮物，能讓對方的大腦冷靜下來，創造出較能接受他人建議的心理環境。身為女人，一般來說都能很自然地做到這點，然而一旦身處管理職，切換成男性腦，就容易忘記發揮同理心。這項技巧用了絕對好處多多。

不適合以自身經驗同理對方的情況

不過，這個技巧用在男性身上，大多會產生反效果，他們會認為「你的經驗和我的經驗，嚴格來說不一樣」。尤其是遇到社經地位比自己高的人，那樣回話容易惹對方不開心，讓人覺得：「拜託不要裝得一副很懂的樣子好嗎！」所以千萬要小心。

而女性之間也要多注意，尤其是年長的顧客，經驗值大多相差甚遠。

當五十歲的貴婦說「我對蕎麥麵情有獨鍾」時，二十多歲的女生不要隨便回說：「我也是耶。○○蕎麥麵滿好吃的對不對？」因爲對方吃過的蕎麥麵一定比你多，而且花錢的方式肯定超乎你的想像。

那樣回話，給人的感覺大概就像在「造訪過安曇野山上的祕境名店和出雲的料理亭，一到蕎麥收成的季節，馬上就去老街的蕎麥麵店大啖當季滋味，甚至還因爲在古早味滿滿的站前蕎麥麵店吃到難吃的麵而哭了出來的蕎麥麵達人」面前耍大刀。

還有，當六十多歲的女性提到「最近髮量越來越少，眞是煩惱」，假如三十多歲、一頭秀髮的美髮師附和說「我也是耶，而且最近掉得特別嚴重」，只會惹惱對方而已，要小心。

處方箋

- ◆感情好的小團體中，混雜著價值觀不同的成員，是一件危險的事。
- ◆在任務性團隊中，價值觀不同的成員之間彼此切磋琢磨是必須的。
- ◆對話時先以「不錯耶」「我懂我懂」接受對方，再進入主題。
- ◆對話對象為女性時，以自身經驗回應對方的效果很好。
- ◆但如果對方是男性或年長女性，想以自身經驗回應要三思。

其六

看不中用的人不順眼

大腦瞬間反應的思考回路迥異的兩人，容易覺得彼此「不中用」。
但你覺得對方不中用，會不會是自己有什麼誤會呢？

牛頭不對馬嘴的眞正原因

我在「其二」說明過，大腦瞬間反應的思考回路有兩種，一種是「尋求事情原委派」，一種是「解決當前問題派」。前者的基本對話模式是「同理對方」型，後者則是「解決問題」型。

反覆思考、探尋事情原委的人，是察覺事情的天才。以「話說回來」爲關鍵字，探尋事情的來龍去脈，能早早察覺孩子身體狀況的變化、潛藏在人際關係中的質變，或是馬上想出新服務和新商品的點子等等。「話說回來，乾香菇……好像在泡水？今天回去馬上就可以做筑前煮了」「番茄醬好像快用完了，要來去買」等等，使用「話說回來」因應未來事務，彷彿永遠做不完的家事，或是必須同時執行的多重任務，也能毫無困難地一一解決。

而從尋求事情原委派的角度來看，解決當前問題派看起來就是個死腦筋的頑固人。之所以這樣，是因爲尋求原委派是察覺事情的天才，對話效率其實非常好，能按照不成文的規定處理事情。然而，解決當前問題派卻做不到這樣，做起事來不圓融。

尋求事情原委派的上司和解決當前問題派的下屬，對話時的感覺大概像這樣。

上司：「下禮拜的進度報告會議，客戶端新的總經理會出來打招呼。」

下屬：「對方是什麼樣的人？」

上司：「話說回來，我們團隊有○○大學畢業的人對不對？」

下屬：「對啊，怎麼了嗎？爲什麼突然這樣問？」（幹麼不回答我的問題，有夠煩的。）

上司：「我這樣問，當然是因爲新的總經理是○○大學畢業的啊。」（眞是的，這傢伙眞不中用耶。）

假如雙方都是尋求事情原委派，對話起來的感覺會像這樣。

上司：「下禮拜的進度報告會議，客戶端新的總經理會出來打招呼。」

下屬：「對方是什麼樣的人？」

上司：「話說回來，我們團隊有○○大學畢業的人對不對？」

下屬：「喔喔，對方是○○大學畢業的是吧。△△是○○大學畢業的喔，聽說他們同學會的向心力很強。」

上司：「沒錯沒錯。」（這小子挺中用的。）

夫妻之間大多認為彼此「不中用」

解決當前問題派的人一旦設定好目標，大腦就會不擇手段想辦法達成目的。假如他問「某某是什麼樣的人」，就會先入為主地認為對方會回答「他是這樣的一個人」，一旦對方的回應跟預期不同，腦中的對話脈絡就會崩解。

所以，看到妻子穿著沒看過的裙子，問說：「這件你什麼時候買的啊？」若妻子答道：「因為很便宜啊。」他的大腦就會覺得一團混亂。手指著放在走廊的紙箱問說：「這是什麼？」別人回道：「這個喔，隔壁的○○搬家了。」他很容易就會覺得對方「講話支離破碎，有點愚蠢」。

假如對象是妻子，用「所以呢？」「所以到底是怎樣？」這種尖銳的提問蓋過對方的話，只會讓人覺得：「眞是的，這個人都沒聽懂別人在說什麼。」

這兩派思考回路的人，對話時都認爲彼此：「這個人是笨蛋嗎？」「這傢伙眞沒用。」

其實在家庭中，女性大多是尋求事情原委派，男性大多是解決當前問題派。假如大腦的思考回路不是尋求事情原委派，便無法處理家事這種永無止境的多重任務。一邊洗衣服，一邊煮飯，一邊思考著「小孩的泳衣收去哪裡了」，同時還要確認美乃滋剩多少什麼的，這種多重任務的處理，只有尋求事情原委派才做得到。

而職場上，上司大多是解決當前問題派，下屬則大部分是尋求事情原委派。

所以這種對話帶來的煩躁感，通常是對丈夫或上司才會有的感覺，大部分的人都覺得跟女人聊天不會遇到這種狀況，而掉以輕心。也因此女人跟女人相處時，一旦出現解決當前問題派的回應，引發的反感便特別強烈。

成爲「大家的小跟班」

女性當中也有解決當前問題派，但數量不多，是弱勢族群。

這種女性常常變成感情好的女性小團體裡「不中用的人」，不過順利的話，有機會成爲「大家的小跟班」。

其實我屬於解決當前問題派，但我的優點就在於，對方突然開始長篇大論時（這裡指的是對解決當前問題派來說），一點也不會煩躁。我的個性是，就算覺得「嗯？他在說什麼」「爲什麼現在要講這些」也不會回嘴，而是抱著好玩的心情，仔細聆聽對方宛如雲霄飛車般的談話內容（這裡指的是對解決當前問題派而言）。所以我常常微笑著聽別人講話，但聽到最後還是聽不懂，於是又詢問對方：「總之是怎麼一回事呢？」這時，大姊頭友人就會幫我做重點整理：「所以啊，就是這樣這樣啦。」

參加學校家長會時，別人也常常問我：「小黑，你有沒有聽懂？」然後馬上就會有其他人幫我回答：「小黑她少根筋，沒辦法啦。」

尋求事情原委派大多很體貼溫柔，無法棄弱者於不顧。

因此，覺得自己可能是解決當前問題派的人，請不要插嘴打斷尋求事情原委派的話，讓對話自然流動到最後。聽不懂時，開口問問大家「什麼？什麼？」就好。假如對方說完了，卻有聽沒有懂，只要確認「最後結論是什麼、我該做什麼好」就可以了。

相反地，假如各位很受不了解決當前問題派的死腦筋，請多多包容。這是大腦瞬間反應思考回路的習慣，當事人也沒辦法控制。

共鳴反應薄弱的年輕人逐漸增加

這幾年，有其他問題產生。

其實，不同世代之間，「共鳴反應」的落差越來越大。

我們會隨著眼前這個人的表情和言行舉止，自然地做出反應。對方點頭，我們也會點頭回應；對方微笑，我們就會微笑回應；對方垂頭喪氣，我們也會跟著垂頭喪氣。配合對方的舉止和表情，如鏡子映射動作般地回應，這就是溝通的共鳴反應。

女性團體是以同理心凝聚在一起的，因此共鳴反應其實比想像中重要。跟團體裡任何人說話，都可以得到「嗯嗯嗯，沒錯沒錯」的回應；任何異議，都在同理之後——這是女性團體中的不成文規定。但假如你以爲那不用人教，只要是女人都知道這個道理，那就大錯特錯了。最近無法因循女人間對話規則的女生越來越多。

因爲沒得到點頭回應，以爲對方沒在聽自己說話，問道：「你有在聽嗎？」對方反而愣了一下。

其實，對方不是沒在聽你說話，只是反應弱了些而已。所以，「你有在聽嗎？」這個問題一點意義也沒有，因爲對方有在聽你說話。

當對方愣了一下，有些上司反而容易情緒激動地追問：「你到底有沒有心要認眞工作啦！」這種提問對當事人來說，完全是個謎。對方可能會覺得：「我當然有心啊，不然怎麼會到公司跟你一起工作？現在突然要我證明我是有心要認眞工作的，實在是讓人一頭霧水……」

其實，以一九九七年爲分水嶺，人類整體的共鳴反應變得越來越弱。共鳴程度的高低，出現了世代差異。

鏡像神經元的作用

讓我們產生共鳴反應的，是叫作「鏡像神經元」的腦神經細胞。這種細胞會如同鏡子般，把眼前之人的表情和舉止映射到我們自己的神經系統中。

以廣播體操爲例，想必大家都是不知不覺中學會體操動作的，對吧？右手這樣擺、腳這樣放，應該沒人記得各個身體部位要怎麼動作。我們是看著並模仿學校老師和社區歐吉桑誇張的動作，學會廣播體操的。

眼前的人把手舉高，自己就跟著舉高；腳打開，就跟著把腳打開。「手舉高的同時，上半身往後仰，然後把腳打開」，之所以能夠反射性地做出一連串體操動作，都是多虧了鏡像神經元的作用。

小嬰兒透過鏡像神經元模仿他人長大

鏡像神經元在嬰兒時期，發揮了它在人的一生當中最大的作用，讓小嬰兒得以模仿身邊人們的舉止和表情，逐漸變成「人類」。

小嬰兒藉由模擬「抱著自己、跟自己說話的人」的發音動作，習得語言。他們把身邊照顧者的嘴角肌肉、舌頭、嘴唇形狀、腹肌的動作變化、胸腔聲音、吐氣的氣壓等等，全部映射到神經系統，開始學會說話。所以母語（人生最初學會的語言）的習得，除了聽覺，也會用到視覺和觸覺。

此外，小嬰兒還會學到「微笑回應」「揮手致意」等肢體語言類的溝通技能。我們之所以能習得對話和溝通能力，都是多虧了鏡像神經元。

鏡像神經元的退化

小嬰兒鏡像神經元的功用之大，超乎我們想像。比方說，嬰兒的嘴巴還會配合聖誕樹燈飾閃爍的節奏開合；也就是說，小嬰兒也會模仿人類以外的現象，將之映射到神經系統，試圖理解身邊的事物現象。

不過，一直這樣模仿下去，恐怕永遠也長不大。這樣講一點也不誇張。被擦身而過的人的表情吸引、跟著號誌閃爍的節奏開合嘴巴，忙得不得了呢。鏡像神經元的作用大概在三歲生日前後就會大幅減弱，原本看到任何人都會微笑、揮手的小寶寶不見了，變成了另一個人。

三歲之後，鏡像神經元的功能衰退會持續到小腦發展的臨界期（功能完善時期），也就是八歲左右，然後跟著小腦一起固定下來，這是因爲小腦負責身體的快速反應與控制。

不面對面的育兒方式，改變了人類

隨著成長，鏡像神經元的功能逐漸衰退。然而，相對於鏡像神經元的退化，什麼功能增加了呢？

其實，大腦「不使用的功能」會消失不見。大家應該都知道，大腦會消除不使用的記憶，鏡像神經元也是同樣的道理。

假如孩子在生活中常常跟母親四目相交、開心大笑、說話聊天、玩手指謠、跳舞等等，當然會產生較多共鳴反應。

而如果母親沉迷於手機，哺乳的時候也在滑手機，不跟寶寶四目相交、微笑互動，孩子會失去很多共鳴反應的經驗。

一九九七年，日本開始提供手機簡訊服務，電子雞之類的掌上型電玩也跟著普及。日本母親養成哺乳時看手機的習慣，可以說是從一九九七年開始的。

不局限於哺乳時，跟一九九〇年代中期相比，父母盯著手機看的時間大幅增加。有幼兒園老師感嘆道：「有的媽媽來接小孩時，緊盯著手上的手機看，就算牽錯小孩恐怕也不會發現吧。」

陪伴孩子玩耍時不抬頭看小孩的臉，低頭滑手機陪玩的父母越來越多。如此一來，孩子「退化的鏡像神經元」數量增加一點也不奇怪，不是嗎？

當然不是所有的孩子都這樣，但一九九七年之後出生的孩子當中，共鳴反應薄弱的顯著增加不少。

我常常聽到人事部門的人說，一九九七年之後出生的新進人員「反應薄弱、冷淡」。我有個朋友的千金正好是一九九七年生的，她曾經問自己的同期同事有沒有被問過「你有在聽嗎？」，結果幾乎每個人都回答：「有有有！」

反應不活躍的人，是進化型的新人類

人類正往鏡像神經元不活躍的方向演化，這個趨勢誰也阻擋不了。

話雖如此，我並不悲觀。鏡像神經元不活躍，也有不活躍的好處，例如不在乎別人的表情，跑業務就不會因此受到挫折，也能無畏地面對陌生世界。

而且，反應不活躍有不活躍的活法，善加利用社群媒體，一樣可以跟別人好好溝通。當人類整體變得反應不活躍，不活躍型的人就一點也不奇怪啦；也就是說，問題在於落差。從活躍型人士的角度來看，反應不活躍的人「反應冷淡，難以捉摸想法」；但是在不活躍類型的人看來，反應活躍的人頭點個不停，讓人覺得「好煩」「人際距離太近了，很不舒服」。

唯有一個地方，反應不活躍的新人類比舊人類差，那就是「不擅長模仿他人的動作，在前輩身邊看了老半天，也學不會他們的專業技能」。反應不活躍的人「搞不清楚前輩在做什麼，很不機靈」，這點無法否認。

這樣看下來，恐怕會讓人有點擔心匠人的技藝是不是無法傳承給下一代。不過請放心，跟父母溝通良好的孩子一定有，只是沒那麼多而已。另外，雖然親子之間的溝通減少了，但從小學習舞蹈的孩子越來越多，透過身體學習事物，是維持鏡像神經元活性的好方法。

把「為什麼不動手做呢？」這句話當作過時的死語

如前面說明的背景因素，不機靈的年輕人快速增加。

一般來說，會議結束後收拾桌上的紙杯和紙巾、擦桌子，這些應該是新人要主動做的，現在的新鮮人卻只會站在一邊，動也不動。沒辦法，前輩只好動手收拾，然後新人站在一旁看。這樣的現象越來越常見。

詢問杵在旁邊的年輕人：「為什麼不動手做呢？」對方卻毫不在乎地回

道：「嗯？沒有人叫我做啊。」假如是女生，可能會覺得「又沒有人指派我去做，卻因爲這樣被臭罵一頓」而沮喪難過。

眼前前輩的動作，就像車窗外掠過的風景（景象映入視網膜，但大腦並未認知到對方在做什麼），因此並不會興起任何「啊，我得趕快上前幫忙」的念頭。

身爲前輩，一定很想責問對方：「爲什麼不動手做呢？」但這個念頭最好從地球上消失，因爲問了也得不到答案。這種責難式的提問，唯有「對方明知該做，卻刻意不去做」的時候，才得以成立。

舊人類被那樣責問可能會很恐慌，「我沒有那個意思，只是動作慢了點而已。」但如果是新人類，可能只會覺得：「你又沒有叫我做。我沒做就被罵，太沒道理了。」這種說了也沒意義的責難，最後只會被當成職權騷擾。

與其問對方「爲什麼不動手做」，不如開門見山講清楚：「請你去做這個，這是新人該做的事情喔。」這樣說，新人類大多聽得進去。仔細想想，

「爲什麼不動手做呢？」這種拐彎抹角的表達方式，其實很沒必要。

順帶一提，這招對老公也很有效。比起「爲什麼不動手做呢？」，跟老公說「請你做這個喔（微笑）」更能輕鬆地讓他動起來。

所以，請把「你有在聽嗎？」「你有沒有心要認眞做啊？」「爲什麼不動手做呢？」當作過時的死語吧。

處方箋

◆錯誤的表達方式，可能會讓別人覺得你「很不中用」。

◆女性之間的對話，基本上是以「同理」為基礎。

◆對反應薄弱冷淡的年輕人生氣一點意義也沒有。

◆與其問「為什麼不動手做呢？」，不如用「請你做這件事」來取代。

其七

看滿口抱怨的人不順眼

有些女性一碰面，劈頭就說些負面的話。

「你變胖了喔？」「你怎麼看起來很累？」「你好像很忙耶，還好嗎？」

對方可能個性比較容易擔心吧，但這樣講，一見面就讓人覺得不太舒服。

你知道嗎？這種煩躁不爽的情緒，其實會讓大腦的直覺變鈍。

因此，假如這種女人經常出現在你身邊，你非但孕育不出什麼好點子，也容易招惹麻煩。

負能量的無限循環

有些女人很愛無限循環負能量。

比方說，常常抱怨：「我老公真的很糟糕。」「孩子們也不懂我。」

一跟她說「你可以去做點自己喜歡的事情呀」，對方便回答：「可是我老公不喜歡我外出工作。」「我沒有閒錢可以去做喜歡的事情啊。」

試著再勸她：「既然如此，要不要嘗試去打工看看，可以賺點獲得自由的閒錢。說不定外出工作很適合你，能從中找到存在價值呢。」結果對方回道：「可是我老公真的不會同意耶。」然後又回到最初對話的起點：「我老公和家人真的一點也不理解我，真讓人難過。」

完完全全是負能量的無限循環。

就算想幫助對方脫離這個負面迴圈：「那你這樣跟你先生說說看呢？我就

是這樣成功說服我老公的。」對方還是很有可能如此回應：「那是因爲你家老公很體貼溫柔。」即使你說：「沒那回事，我費了很多工夫說服他。」對方依舊回道：「你做得到，可是我沒辦法啦。」

遇到這種負面的無限迴圈，就算是我，恐怕也怎麼繞都繞不出來，最後被困在裡頭。

負能量的無限循環是絕對走不出去的迷宮，所以循環了一遍之後，我就會以「人生眞的好難呢」下結論，然後結束這一回合。聊到一個段落後，我就會站起來離開，「那先這樣囉，下次見。」假如跟對方才認識沒多久，我會聊聊最近很迷的韓劇，然後回家。

我不跟無限循環的負能量打交道，因爲負能量會使我的腦袋變鈍，讓我寫不出東西來。

我跟前面提到的 Kazuquo 媽媽桑聊到負能量的無限循環，她說：「我已經畢業了，不會對那種人感到煩躁，她們跟我的人生無關。我還有好多好多人想認識呢，大概還有一億九百多萬人在等著我。遇到那種人，我就獻上祝福，微笑著揮揮手，拜拜下次不見。」

負能量女子會拉低身邊所有人的運氣

人在說負面的事情時，嘴角會往下撇。不開心的表情藉由鏡像神經元的作用，轉移至說話對象，使得對話接收方也跟著啓動了負面回路。一旦負面回路通上電流，人就容易變得負面。

也就是說，跟負面思考的人在一起，會刺激負面回路，就算那個負能量的人不在身邊，也會覺得日子過得很痛苦，創造力和好奇心盡失，變成貧乏無味的人。

但我們總會有想瘋狂抱怨的時候，假如對方是很好的女性朋友，我會陪伴她一整晚。但一生當中只會發生幾次而已。

最近大家都在討論「總是把話題往負面方向帶的人」。

那種人很喜歡一見面就開始講負面的話，如本單元開頭提到的例子。這個時候，或許不需要跟對方繼續耗下去。

此外，那種人也很喜歡把正面的話扭轉成負面。例如：

「○○先生很有領袖氣質耶。」「對啦，不過他有點強硬。」

「那部電影很好看耶。」「是啦，不過有點長。」

眞的是躲都躲不了耶。

遇到負能量女子，先閃再說

一見面，開口就是滿滿的負能量；在講的事情明明充滿正能量，卻被扭轉成負面的事；凡事都有辦法引發負能量的無限循環——遇到這種人，不管三七二十一，先跑再說。

假如是家人或職場上的同事，怎麼樣也無法跟對方斷絕關係，就盡可能減少接觸的時間。

而為了減少跟負能量的人接觸，最好找到一樣能讓自己沉迷其中的事物。可以是某項才藝或興趣，「最近很迷韓劇」「最近著迷於更換房間的擺設」等等，什麼都可以。假如負能量女子靠過來說：「你聽我講……」你就可以用「我等等有跳舞課」「我現在很迷韓劇，好想知道接下來會怎麼演……抱歉，我要先回去了！你也一定要看啦，劇名叫○○○」「我待會兒要上線上英文課」等理由瀟灑離開。

只要每天活得樂觀積極、充滿好奇心，負能量女子就不會靠過來，會自然而然地消失不見。

你說她們好可憐？一點也不，她們會去尋找其他目標，充分發揮自己的負面迴圈。可以的話，希望她能找到跟她同類型的人，兩個人自己去無限循環負能量，這樣對其他人的危害便能減到最低。

負能量母親或負能量婆婆可能會說：「你只是個家庭主婦，學英語會話是要幹麼？」對於這種冠冕堂皇的攻擊，不需要太在意，只要像這樣回應就好：「我希望給孩子做榜樣，人一生都要不斷學習。」或「我在為○○○（老公）的海外出差做準備。」

而且，不用真的去上英語會話課，因為根本不會被母親或婆婆拆穿。就算別人用英語跟你搭話，你沒辦法用英語回應時，只要笑笑地說「哎呀，我還太嫩了，得多加油才行」就好。

找到真正的自我

覺得自己完全做不到那樣的讀者，你之所以沒辦法從負能量女子身邊離開，是不是被「自己必須扮演『好人』」的詛咒束縛了呢？是不是覺得自己一定要傾聽別人的煩惱呢？

我在這本書裡不斷呼籲大家，**不要再當「好人」**。以別人的評價標準為基準過日子（或是為「社會」這種無實際形態之物的評價標準而活），容易迷失自我，因自我肯定感低落而苦。不要為了當好人而活，而是要為了自己熱中的事物而活，那才是活出真實人生的關鍵。

當「乖孩子」媽媽就會愛我，這個誤會容易讓人無法放棄當「好人」。所以，我非常討厭「乖乖聽話就誇獎（因為孩子順著自己的意思），不聽話就斥責（孩子的行為不如自己所願）」這種育兒法，但這樣教養孩子的人還真不少。

假如你無法離開負能量女子，只要把「心中的母親」丟掉就好。我的意思不是要你跟母親斷絕關係，而是下定決心，拒絕「受母親的表情和話語影響」。

——母親爲了支配我，有時用了錯誤的育兒方式教養我。我不再害怕母親對我感到「失望」，也不在意母親的任何「反對」，從母親那裡接收到的訊息，全部當作耳邊風，不殘留一點在自己心中。

這段文字，你可以大聲念出來。從今以後，你將走自己的路，過自己的人生。

自己的朋友，自己選擇

假如有朋友認為你是好人，因為你願意聽她抱怨，當她的情緒垃圾桶，那種朋友不要也罷。

你必須找出真正的朋友。欣賞你獨特的見解和有個性的發言，因此想跟你在一起的，才是真正的朋友。

為了找到眞朋友，請試著尋找能讓你熱愛的事物，然後用盡全力去愛那件事。多虧了社群媒體，現在是任何人都可以在網路上發表個人意見的時代，你一定可以遇到欣賞你的文字、你的視角（照片）的人。

不過呢，沒有「一個人」獨處的時間，便孕育不出自己獨創的想法。只是，物理上獨自一人是不夠的，還必須遠離社群媒體，因為不遠離他人的思緒或看法，大腦便創造不出屬於你自己的世界觀。

思索他人看法的瞬間，大腦會發出橫向流動的神經訊號，而世界觀的創造，則必須使用縱向的神經訊號。所以，想發出縱向的神經訊號，就必須確保自己有時間可以一個人發發呆，沉浸在某件事物上。

被其他人的思緒牽著走，每天醒來到睡前都悶悶不樂、煩躁不已，實在太浪費生命了。我們必須徹底讓自己獨處。

覺得自己一個人好可怕，無法不當「好人」……但不下定決心讓自己獨處，是交不到眞正的朋友的。

這就跟游泳的浮板很像。學游泳時，不敢不拿著浮板游，但只要放開浮板，一定可以成功地自在游泳。就像放開游泳的浮板，是時候放開「想當好人」的念頭了。

不要再當別人的情緒垃圾桶了，勇敢說「不」吧。

我會爲你加油的。

處方箋

◆要知道，負能量的無限循環容易讓你運氣不好。

◆遇到負能量女子，不管三七二十一先閃再說。

◆要確保有屬於「自己一個人」的時間（遠離他人思緒的時間）。

◆不要害怕自己一個人。

取材・部分原稿撰寫　坂口千津

〈後記〉

女人的人生，精采得讓人愛不釋手

該如何面對女人之間的問題？

這就跟如何面對自己的人生是同樣的意思。

這兩句話，是不是已經深深烙印到閱讀本書的你心裡了呢？

女人看另一個女人不順眼。

那個煩躁感源於自己心中的陰暗深處。雖然有部分可能眞的是對方的錯，但也無法否認，討厭其他女人跟自己內心深處的陰暗息息相關。

然而，那個陰暗面正是女人大腦重要的生存策略。因此，女人的人生走得辛苦也是理所當然的，不是嗎？

身爲女人眞的很辛苦，但正因如此，女人的人生也精采得讓人愛不釋手。

企畫本書期間，我家媳婦生了一個宛如《小王子》插圖般美好可愛的男孩。在新冠疫情嚴峻的環境下度過懷孕期，克服難產，誕下新生命，成爲美麗的母親——她的努力，是我撰寫這本書的動力。

這個地球上，有許多女性努力地活著。我抱著這樣的想法，寫下這本書。我相信現在讀著這本書的你能以智慧和幽默，在女人混沌的人生中開拓出屬於自己的道路。在此，爲這本書畫下句點。

假如我的愛能確實傳達給各位，是我最大的喜悅。

期望你的今天，也是好日。

明天，也是美好的一天。

寫於二〇二二年七月牽牛花盛開的早晨

黒川伊保子

Eurasian Publishing Group
圓神出版事業機構
用心與你對話・網野無限寬廣
方智出版社
Fine Press

www.booklife.com.tw　reader@mail.eurasian.com.tw

自信人生 194

閨密使用說明書：女人間的友情，都伴隨著一點點痛

作　　者／黑川伊保子
譯　　者／謝敏怡
發 行 人／簡志忠
出 版 者／方智出版社股份有限公司
地　　址／臺北市南京東路四段50號6樓之1
電　　話／（02）2579-6600・2579-8800・2570-3939
傳　　真／（02）2579-0338・2577-3220・2570-3636
副 社 長／陳秋月
副總編輯／賴良珠
主　　編／黃淑雲
責任編輯／黃淑雲
校　　對／黃淑雲
美術編輯／李家宜
行銷企畫／陳禹伶・蔡謹竹・朱智琳
印務統籌／劉鳳剛・高榮祥
監　　印／高榮祥
排　　版／莊寶鈴
經 銷 商／叩應股份有限公司
郵撥帳號／ 18707239
法律顧問／圓神出版事業機構法律顧問　蕭雄淋律師
印　　刷／祥峰印刷廠
2025年2月　初版

JOJOMONDAI NO TORISETSU—IRATSUKU ONNA E NO NANATSU NO TAISHOHO
By Ihoko Kurokawa

定價 300 元　ISBN 978-986-175-826-8　

路不夠寬，就不要帶太多東西。

煩惱再多也不會比較心安，乖乖睡覺吧。

——《設計好心情》

國家圖書館出版品預行編目資料

閨密使用說明書：女人間的友情，都伴隨著一點點痛／黑川伊保子著；謝敏怡譯. -- 初版. -- 臺北市：方智出版社股份有限公司，2025.02
192 面；14.8×20.8公分 --（自信人生；194）

ISBN 978-986-175-826-8（平裝）
1.CST：女性心理學　2.CST：人際關係
173.31　113018909